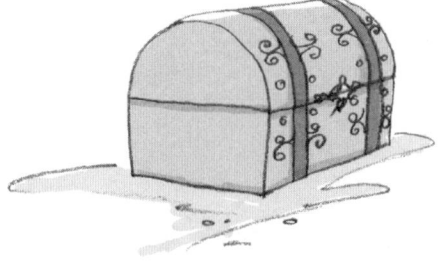

Frank Hartmann

Matteo,
das Leben
und der liebe Gott

MIX
Papier aus verantwor-
tungsvollen Quellen
FSC® C083411

© Verlag Herder GmbH, Freiburg im Breisgau 2018
Alle Rechte vorbehalten
www.herder.de

Coverillustration: Dorothée Böhlke
Covergestaltung: Irmi Riedl, Dresden
Layout und Satz: Nadine Clemens, München
Druck: CPI books GmbH, Leck
Printed in Germany

ISBN 978-3-451-71418-4

Frank Hartmann

Matteo,
das Leben
und der liebe Gott

Mit Illustrationen von
Dorothée Böhlke

FREIBURG · BASEL · WIEN

Inhalt

Matteos Opa	11
Der Umzug	23
Matteos heimlicher Ausflug	34
Das besondere Frühstück	45
Anderland	61
Ein Denkmal für Opa	74
Anderlands Vielfalt	84
Das Leben achten	97
Klößchens Unfall	108
Matteos Garten	125

Matteos Opa

»Opaaa!«, schrie Matteo und schreckte in seinem Bett hoch! Er brauchte ein paar Sekunden, bis er ganz aus dem Traum erwacht war. Seine Hände klammerten sich an die Bettdecke. Er hatte geträumt, dass er Opa besuchen wollte, aber Opa war nicht in seinem Haus. Matteo suchte ihn überall, konnte ihn aber nirgendwo entdecken. Das Haus wurde immer größer, er verlief sich darin wie in einem Labyrinth, obwohl er doch eigentlich jeden Winkel kannte. Nur Opa fand er nicht. Er rief immer lauter, bis er davon selbst aufwachte! Er atmete schnell und spürte, wie sich seine Augen mit Tränen füllten.

Früher hatte Matteo sich riesig gefreut, wenn er mit Mama, Papa und seiner Schwester Mathilda zu Opa aufs Land fahren konnte. Opa war Papas Papa, und Matteo liebte seinen Großvater sehr! Doch inzwischen fand Matteo es ganz schrecklich, wenn er mit seinen Eltern und Mathilda aufs Land fuhr – denn jetzt war Opa tot. Gestorben. Einfach so. Auf einmal weg! Das fand Matteo fürchterlich! Ein Leben ohne Opa konnte er sich gar nicht vorstellen. Matteo hätte seinem Opa gerne noch gesagt, wie sehr er ihn mochte und wie froh er war, dass es ihn gab. Überhaupt hätte er auch gerne

noch ganz viel mit Opa unternommen. Er vermisste ihn – wie sollte es bloß weitergehen? Es war ja nicht wie bei einer langen Reise, wo er nur Geduld haben musste, bis Opa wiederkam. Opa würde nie wiederkommen! »Nie« war ein schrecklich hartes Wort. Es wog so viel wie zehn Eimer voller Steine, und für Matteo fühlte es sich manchmal so an, als würden diese zehn Eimer auf seiner Brust stehen und ihm das Atmen schwer machen. Warum mussten Menschen überhaupt sterben?

Opa war für Matteo wie ein Freund gewesen. Mit Opa hatte Matteo toll spielen können. Zum Beispiel hatte Opa im Keller seines Hauses eine große Modelleisenbahnanlage aufgebaut. Das war Opas alte Eisenbahn, die er schon als Kind gehabt hatte. Über all die Jahre hatte er sie aufgehoben. Wenn Matteo mit Opa und der Eisenbahn spielte, beschwerte sich Papa oft, dass er nie damit hatte spielen dürfen, als er noch ein Kind gewesen war. Obwohl er dabei lachte, schien er doch auch ein

bisschen enttäuscht deswegen zu sein. Matteo hingegen machte es stolz, dass er mit Opas Eisenbahn spielen durfte. Opa sagte, Matteo sei der wunderbarste Enkel, den ein Opa haben konnte. Und Matteo fand, dass Opa der allerbeste Opa war, den ein Enkel haben konnte. Wenn die beiden zusammen waren, verging die Zeit wie im Flug.

Matteo war mit Opa gern in die kleine Eisenbahnwelt geschlüpft. Dort gab es Autos, Häuser, Wege, Wälder, Felder, Traktoren, Tiere, Berge, Seen, Brücken, Menschen – alles wie im wirklichen Leben, nur eben winzig, winzig klein. Diese Welt hatte Opa gebaut, auf einer Holzplatte, die auf Holzböcken stand. Wenn Matteo sie betrachtete, sah diese kleine Welt aus, als würde er aus einem Flugzeug von oben draufschauen. Dort waren Berge aus Gips geformt und ein Fluss aus blauem Kunstharz. In den Häuschen brannte Licht. Man sah Autos auf den Straßen. Figuren standen herum, arbeiteten, saßen auf Bänken im Biergarten, warteten auf den Bahnsteigen, an denen Züge vorbeisausten. Sie fuhren durch Tunnels, ratterten über Brücken oder überquerten Straßen. Opa konnte sie über die Weichen lenken, er konnte sie anhalten oder rückwärtsfahren lassen. Opa ließ oft Matteo die Züge steuern. Die alte rote Diesellok, die 13 Waggons ziehen konnte, war Matteos Lieblingszug.

Besonders viel Spaß machte es Matteo, wenn er merkte, wie sehr Opa sich freute. Opa war oft wie ein Kind. Die anderen Erwachsenen, die Matteo kannte, waren alle sehr erwachsen. Sie wussten immer genau, was man tat und was nicht, sie waren immer sehr vernünftig und hatten meistens etwas zu meckern oder zu verbieten, wenn man gerade richtig Spaß hatte. Und spielen – das taten sie gar nicht mehr, höchstens Fußball oder Tennis oder Monopoly, und dann eigentlich auch nur, weil sie gewinnen wollten. Einfach nur spielen, das war ihnen zu wenig. Die Erwachsenen, die Matteo kannte, lachten zwar auch, aber das war ein sehr erwachsenes Lachen. Opa hingegen lachte manchmal so laut und übermütig wie ein Kind. Dann kullerten sogar Lachtränen über seine faltigen Wangen. Opa konnte richtig albern sein.

Opa wollte alles auf seiner Modellbahnanlage so naturgetreu wie möglich. Er wollte eine Welt schaffen, die so aussah wie die richtige Welt – nur dass es schien, jemand habe sie klein gezaubert. Opa war sehr erfinderisch. Einmal hatte er mit Matteo draußen ein wenig trockenen Lehm gesammelt, ihn fein wie Puderzucker gemahlen und auf die Holzplatte gestreut. So machte Opa Feldwege. Mit einigen Tropfen Nähmaschinenöl wurde der trockene Lehm wie echter, feuchter Lehm auf den Feldwegen im Dorf. Dann nahm Opa einen kleinen Modellbautraktor und fuhr damit über den Lehm, und schon hatte der Feldweg echte Traktorspuren.

Opa hatte das Nähmaschinenöl zusammen mit Matteo aus Omas Nähkasten gemopst, heimlich. Opa hatte Oma abgelenkt, und Matteo hatte das kleine Plastikfläschchen mit dem Öl schnell aus dem Nähkasten genommen. Darüber hatten sie sich damals schlappgelacht, besonders, als Oma es überall gesucht hatte. Manchmal erinnerten sie sich daran und mussten wieder lachen – bis beide plötzlich still wurden. Oma war nämlich schon fast drei Jahre zuvor gestorben. Das hatte Opa verändert, ihn traurig gemacht. Doch wenn Matteo kam, war Opa fast wieder der alte, fröhlich und gesprächig.

Matteos Schwester Mathilda war zwei Jahre älter und fuhr auch gerne zu Opa aufs Land – aber nicht wegen der Modelleisenbahn. Kaum hatte sie Opa Hallo gesagt, rannte sie zum Reiterhof. Dort gab es Pferde. Mathilda liebte Pferde und Ausritte. Sie kämmte ihnen die Mähnen, sie striegelte sie, putzte das Zaumzeug, half beim Ausmisten. Das verstand Matteo nicht. Matteo fand Pferde stinklangweilig. Niemals würde er einen Stall voller Pferdeäpfel ausmisten, igitt! Überhaupt fand er das ganze Getue um Pferde affig. Aber vielleicht lag es daran, dass Matteo auch alle Mädchen ziemlich affig fand, außer Lisa, die in seine Klasse ging. Aber das war sein bestgehütetes Geheimnis. Nur Opa hatte er das anvertraut. Der hatte geschmunzelt und ihm über den Kopf gestreichelt.

Matteo dachte manchmal, dass Mathilda Opa vielleicht gar nicht lieb hatte, weil sie immer nur diese blöden Pferde im Kopf hatte, wenn sie dort waren. Aber als Opa gestorben war, merkte er, dass das nicht stimmte. Bei Opas Beerdigung hatte Mathilda so doll geweint, dass Matteo ihre Hand genommen hatte, um sie zu trösten. Normalerweise hätte er das nicht getan, denn er stritt sich oft mit seiner Schwester. Und normalerweise hätte Mathilda sich das auch nicht gefallen lassen. Aber Opas Tod war alles andere als normal. Opa zu haben, DAS war normal. Opa beerdigen zu müssen, ihn nie wieder sehen zu können, war das Unnormalste, das Matteo sich überhaupt vorstellen konnte. Als Matteo Mathilda so traurig sah, vergaß er einen Moment, wie traurig er selbst war, und tröstete sie.

Nun stand Opas Haus leer. Matteo vermisste Opa hier ganz besonders, ohne ihn war dieses Haus einfach nur noch ein Haus. Jetzt waren sie sogar öfter hier als früher. Mama und Papa wollten ausmisten. Opa hatte viele Dinge. Matteo fand es blöd, wenn Mama oder Papa irgendwas wegräumten, verschenkten oder in den Müll warfen, was Opa gehört hatte. Opas alte Lesebrille, an der ein Bügel ziemlich verbogen war, hatte er heimlich wieder aus dem Mülleimer geholt und in seinem Zimmer versteckt. In einer Holzkiste, die er mal von Opa bekommen hatte. Sie sah aus wie eine Schatztruhe. Darin waren schon ein paar alte Glasmurmeln, ein Taschenmesser, eine reißfeste Schnur und ein Multifunktionswerkzeug für die Hosentasche. Daran waren eine Säge, eine Zange, eine Schere und viele kleine andere Dinge, die nützlich waren. Es befand sich in einer kleinen Ledertasche, die eine Lasche hatte, damit man sie an den Gürtel schnallen konnte. Es gab auch eine Lupe in der Schatzkiste, wasserfeste Streichhölzer, einen durchsichtigen Becher mit Schraubverschluss zum Beobachten von Insekten, eine kleine Taschenlampe, eine Trillerpfeife. Auch Opas alter Kompass, ein Tier- und Pflanzenerkennungsbuch, ein Kartenspiel, ein Maßband, ein Kaleidoskop und ein glitzernder Stein waren Dinge, die er von Opa geschenkt bekommen hatte oder mit denen er mit Opa zusammen gespielt hatte. Matteo fand, dass die Schatzkiste jetzt wertvoller war denn je.

Für Matteo war es jetzt langweilig in Opas Haus. Er stand manchmal schweigend unten im Keller an der Modelleisenbahn und war traurig. Die kleine Welt vor ihm war ganz still und finster. Alles lag starr, kalt und tot vor Matteo. Tot wie Opa. Die surrenden Elektromotoren der Lokomotiven hatten immer einen eigentümlichen Geruch im Raum verbreitet, jetzt surrte und roch Matteo nichts mehr. Opa hatte sie nach dem Spielen immer in ein Tuch gewickelt und in einen Karton gelegt, auch beim letzten Mal. Nur die Waggons blieben auf den Gleisen stehen.

Matteo wollte keine Lok auspacken und aufs Gleis setzen, keine Züge fahren lassen, keine Weichen stellen, keine Lichter in den Häusern an- und ausknipsen – auch nicht, wenn Papa mitspielen würde. Alles sollte so bleiben, wie Opa es hinterlassen hatte. Papa konnte sowieso nicht spielen wie Opa. Er gab sich höchstens Mühe, um Matteo zu trösten. Das nervte Matteo. Papa hatte gesagt, dass die Modelleisenbahn nun Matteo gehörte. Aber Matteo wollte die Bahn nicht, er wollte Opa! Papa hatte gesagt, dass Opa sie ihm vererbt habe, als Andenken. Aber Matteo pfiff auf Andenken. Er hätte alles gegeben, um seinen fröhlichen, gutmütigen Opa wiederzubekommen.

Abends, als sie in Opas Haus um den großen Tisch beim Abendbrot saßen, sagte Papa: »Mama und ich haben beschlossen, dass wir in Opas Haus ziehen. In den Sommerferien ist es so weit. In der Stadt sind die Mieten teuer, Opas Haus gehört nun uns, und wir können hier viel Geld sparen. Ich habe es nicht weiter zur Arbeit als von der Stadt aus. Mathilda kann endlich ein Pferd haben, um das sie sich kümmern darf. Und du, Matteo, du könntest ...«

»Aber mein Weg in die Schule ist dann richtig weit!«, unterbrach Matteo seinen Vater protestierend. »Dann muss ich jeden Morgen ganz früh aufstehen und mit dem Bus fahren. Und was ist mit meinen Freunden? Die kommen mich doch hier nie besuchen!«

»Im Nachbarort gibt es auch eine Schule, Matteo«, sagte seine Mama sanft. »Da kannst du mit dem Rad hinfahren. Das wolltest du in der Stadt doch immer gerne! Und deine Freunde ...«

»Was? Ich soll in eine andere Schule gehen? In eine fremde Klasse? Ohne Max und Karli? Niemals!«, schrie Matteo und sprang so schnell auf, dass sein Stuhl umkippte.

»Schau mal, Matteo ...«, versuchte es seine Mutter noch einmal.

»Nein! NEIN! Ich ziehe nicht in dieses Kuhdorf, nicht in ein Haus ohne Opa und ich gehe schon gar nicht in eine andere Schule. Das könnt ihr vergessen! Merkt euch das. Mich kriegt ihr auch nicht mit Geschenken rum. Ich will die blöde Eisenbahn nicht haben und schon gar keinen bescheuerten Gaul!«

Matteo knallte die Tür zu und rannte in das Zimmer, in dem er schlief, wenn sie bei Opa zu Besuch waren. Er warf sich aufs Bett und weinte. Er weinte vor Zorn. Er hatte eine Mordswut auf seine Eltern und seine Schwester. Es fühlte sich an, als seien sie alle gegen ihn. Am meisten aber war er wütend auf sich selbst, weil er »blöde Eisenbahn« gesagt hatte. Das hätte Opa sicher traurig gemacht.

Der Umzug

Als sie zurück in der Stadt waren, hatte Matteo kaum noch etwas gesagt. Er aß wenig und saß oft allein in seinem Zimmer. Wenn irgendjemand das Thema »Umzug« erwähnte, wurde Matteo wütend und tobte. Manchmal begann er vor Zorn zu weinen. Ein anderes Mal versuchte er flehend, seine Eltern umzustimmen. Aber es nützte alles nichts. Der Umzug war beschlossene Sache. Der Termin stand fest und rückte immer näher. Wenn das Schuljahr zu Ende war, würde es losgehen. Er fühlte sich ganz hilflos. Es war, als rollte da eine

Dampfwalze auf ihn zu und er läge angebunden auf der Straße, kein Entkommen war möglich. Sie würden umziehen. Aufs Land. In ein winziges Dorf. In ein Riesenhaus – ohne Opa.
Matteos verzweifelter letzter Widerstand war, seine Sachen einfach nicht einzupacken. Er würde so tun, als ginge ihn das alles nichts an. Die bereitgestellten Kartons und die hektische Betriebsamkeit der anderen ignorierte er. Aber auch das half nichts. Als er am letzten Schultag vor den Sommerferien nach Hause kam, war sein Zimmer zerlegt, verpackt, eingetütet. Mama und Papa hatten das gemacht, während er in der Schule saß. Doch Matteo blieb hart! Gut, dann würde er eben in seinem neuen Zimmer nichts auspacken. Ihn würden sie nicht kleinkriegen, das stand fest. Niemand konnte ihn zwingen, gerne woanders zu leben. Er wollte nicht, und damit basta!
Es versöhnte Matteo auch nicht, dass er das größte Zimmer in Opas Haus bekam. Er spürte, wie die anderen mit Freude dabei waren, das Haus einzurichten, gemütlich zu machen.

Für Matteo würde es hier nie gemütlich werden, das stand für ihn fest. Mama und Papa waren nach ein paar Tagen verzweifelt, weil Matteo den ganzen Tag still zwischen seinen Kisten saß und nichts tat, außer aus dem Fenster zu schauen. Jedes noch so freundlich begonnene Gespräch endete in Tränen oder Streit.

Mathilda war genervt. »Spinner!« war alles, was sie Matteo noch zu sagen hatte. Sie war oft nur zu den Mahlzeiten da. Ansonsten war sie ständig bei »ihrem« Pferd. Es gehörte ihr nicht wirklich und nicht allein. Sie teilte es sich mit einem anderen

Mädchen. Mathilda hatte eine Freundin im Dorf gefunden, bevor sie hier hergezogen waren. Sie war ja früher immer schon in diesem Stall gewesen, während Matteo mit Opa gespielt hatte. Die Freundin hieß Marleen. Mathilda musste auch nicht die Schule wechseln, sondern ging auch nach den Ferien weiterhin auf dasselbe Gymnasium in dieselbe Klasse mit denselben Freundinnen. Matteo mochte gar nicht daran denken, in eine neue Klasse gehen zu müssen. Ohne Max und Karli. Solche Freunde würde er nie, nie wieder finden. Mama hatte gesagt, dass er ja in einem Jahr ohnehin auf eine weiterführende Schule käme. Und höchstwahrscheinlich würden Max

und Karli auch dorthin wechseln, vielleicht sogar in seine Klasse. Höchstwahrscheinlich. Vielleicht. Und wenn nicht? Matteo stampfte wütend mit dem Fuß auf. Es war, als hätten sich alle gegen ihn verschworen. Er musste etwas tun, das konnte er sich nicht gefallen lassen, selbst wenn er die Stimmung zu Hause auch unerträglich fand. Er ahnte auch, dass er das nicht ewig so weitermachen konnte. Er war sich sogar ziemlich sicher, dass er ebenfalls von sich genervt gewesen wäre, wenn er sich begegnet wäre. Manchmal fragte er sich, was Opa wohl sagen würde, wenn er Matteo so sehen könnte. Dann schämte er sich, denn er war sich gar nicht sicher, dass Opa ihn nicht mehr sehen konnte. Vielleicht war das möglich von dort, wo Opa jetzt war. Wo mochte das sein? Die Erwachsenen sagten »im Himmel«. Das glaubte Matteo nicht. Dass allerdings nichts von Opa übrig geblieben war, dass Opa überhaupt gar nicht mehr da war, das glaubte er auch nicht.
Wenn er die erdrückende Stimmung nicht aushalten konnte, ging er raus. Zuerst in den Garten. Aber draußen war nichts los. Keine Menschenseele war zu sehen. Auch keine Kinder. Mit denen

hätte er natürlich sowieso nicht gespielt. Wollte er gar nicht. Der Spielplatz im Dorf war etwas für Babys. Mamas Idee, dass er doch mal mit Mathilda zu den Pferden gehen sollte, lehnten er und Mathilda beide lautstark ab.

»Auf keinen Fall!«, wehrte Mathilda energisch ab. »Ich bin doch kein Babysitter! Marleen und ich werden mit Hotte und Krümel ausreiten. Soll Matteo blöd zugucken und hinterherlaufen?«, fragte sie schnippisch.

»Will ich gar nicht!«, schnauzte Matteo und äffte seine Schwester nach: »Hotte und Krümel, Hotte und Krümel!«

»Halt die Klappe, Spinner!«

Mama seufzte und schwieg.

Am Samstag kam Marleen zum ersten Mal zu Besuch. Matteo hatte schon viel von ihr gehört und war gespannt, ob Marleen wohl genauso zickig sein würde wie Mathilda. Zu seiner eigenen Überraschung fand er Marleen jedoch nett, obwohl sie einen noch schlimmeren Pferdetick zu haben schien als Mathilda. Er ließ sich nichts anmerken, lauschte aber genau, worüber die beiden Mädchen sprachen.

»Willst du auch Kekse und Kakao, Matteo?«, fragte Mathilda, als er von der Toilette kam.
»Schau an«, dachte Matteo, »wenn sie Besuch hat, kann sie richtig nett sein.«
Er überlegte, bevor er antwortete. Mathilda wartete geduldig.
»Ja«, sagte er schließlich knapp.
»Schön«, lächelte Mathilda und holte eine weitere Tasse.
Mathilda und Marleen quasselten über ihre Pferde, Matteo saß dabei und kaute krümelnd Kekse. Er ließ beide Beine hin und her baumeln, schaute gedankenverloren durchs Zimmer und zuckte plötzlich zusammen, als Marleen sagte: »Mein Vater meint, er ist ein Spinner!«
Spinner? Hatte sie ihn gemeint? Matteo setzte sich kerzengerade auf und schluckte den letzten Rest Kekskrümel hinunter.
»Wer?«, fragte er.
»Der Typ, der hinten am Waldrand wohnt. Mein Vater sagt, der ist verrückt. Ich darf da nicht vorbeireiten. Ich verstehe gar nicht, wie man so leben kann. Mein Vater sagt ...«
»Was für ein Typ am Waldrand?«, fragte Matteo.

»Weißt du das noch nicht?« Marleen schaute ungläubig. »Von dem weiß doch jeder hier im Dorf! Der lebt da ganz allein. Alle nennen ihn ›den Schäfer‹, weil er ein paar Schafe hält. Er wohnt in einem alten Zirkuswagen. Er hat kein fließendes Wasser, nur einen Brunnen. Er wäscht sich im Sommer und im Winter draußen. Sein Garten steht voller komischer Dinge: Figuren aus Stein, Holz, Metall ... alles zwischen Blumen und Kraut. Sieht aus wie auf einem Schrottplatz, sagt mein Vater. Er hat sich das Chaos da schon mal angesehen, als er spazieren war. Ein schrecklicher Kerl!«
Matteo schaute gespannt, aber Marleens Vortrag über »den Spinner« war schon zu Ende.
»Untersteh dich, dahin zu gehen!«, raunte Mathilda ihrem Bruder zu, weil sie das interessierte Funkeln in seinen Augen sah.
»Will ich doch gar nicht!«, behauptete Matteo. »Und überhaupt: Du hast mir gar nichts zu sagen!« Er stand auf und ging.
An diesem Samstag beschloss Matteo, wenigstens seinen Computer auszupacken, denn ihm war unendlich langweilig. Sein Vater freute sich, seine Mutter seufzte erleichtert. Beide wagten nicht, ihm

nach zwei Stunden zu sagen, dass es nun genug sei. So machten sie das sonst. Jetzt waren sie einfach nur froh, dass Matteo irgendetwas anderes tat als nichts. Matteo freute sich im Stillen. Irgendwie war das ein Triumph, dass sie ihn nicht ermahnten, aufzuhören. Dieser Samstag war der erste Tag, an dem Matteo nicht darüber nachdachte, dass er eigentlich lieber nicht in Opas Haus auf dem Land wohnen wollte. Er wunderte sich, dass Opa noch nie etwas über diesen sonderbaren Schäfer am Waldrand erzählt hatte.

Beim Abendbrot fragte Matteo seinen Vater, ob er von dem Mann im Wagen schon gehört habe.

»Ja«, sagte der, »ein komischer Kauz. Wohnt da erst seit vier oder fünf Jahren. Harmlos wahrscheinlich, aber trotzdem macht ihr einen Bogen um ihn, verstanden?«

»Warum?«, wollte Matteo wissen.

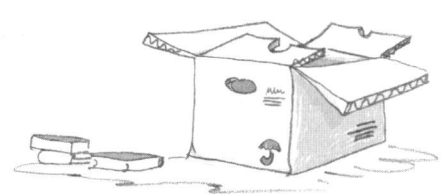

»Weil ich es möchte. Er hat zu keinem im Dorf Kontakt. Er lässt die Leute in Ruhe, die Leute lassen ihn in Ruhe. Und ihr auch!«
»Ich sowieso!«, trompetete Mathilda. »Bei dem schrecklichen Kerl habe ich nichts verloren!«
»Woher willst du denn wissen, dass er schrecklich ist, wenn du ihn gar nicht kennst?«, fragte Matteo.
»Marleens Vater sagt ...«, begann Mathilda.
Aber Matteo unterbrach sie: »Kennt er ihn denn?«
»Alle wissen, dass er ein Spinner ist«, behauptete Mathilda. »Dazu muss man ihn gar nicht genau kennen. Es reicht, wenn man hört, was die Leute sagen. Er redet mit sich selbst. Er baut lauter komische Dinge aus Schrott und stellt sie in seinen Garten. Und er wohnt in einem Zirkuswagen – auch im Winter. Der muss doch total verrückt sein!«
»Vielleicht will er ja ...«, begann Matteo, aber sein Vater unterbrach ihn: »Schluss jetzt, ihr beiden. Was die Leute sagen, muss zwar nicht immer stimmen. Aber trotzdem geht ihr nicht dorthin. Ihr lasst den Mann einfach in Ruhe, hast du das auch verstanden, Matteo?«
Matteo schwieg.

»Matteo? Hast du mich gehört?«, fragte sein Vater.
»Ja«, sagte Matteo kurz. Im Stillen aber dachte er: »Morgen werde ich mir diesen ›schrecklichen Kerl‹ mal ansehen.«

Matteos heimlicher Ausflug

Am Sonntagmorgen wurde Matteo sehr früh wach. Er hatte seinen geheimen Plan vom Vorabend nicht vergessen und sprang eilig aus seinem Bett. Er spritzte sich zwei Hände voll Wasser ins Gesicht, trank ein paar Schlucke Milch und nahm das Taschenmesser aus der kleinen Holzkiste.

»Sicher ist sicher«, dachte er.

Auch Opas kleines, grünes Fernglas, mit dem er im Garten Vögel beobachtet hatte, nahm er mit. An seinem Gürtel befestigte er die Ledertasche mit dem Multifunktionswerkzeug. Er steckte Bindfaden und Streichhölzer ein, wozu wusste er nicht. In der Stadt hatte Mama ihm immer verboten, allein mit dem Rad zu fahren. Hier auf dem Land war das anders. Sie hatte ihn in den letzten Tagen häufiger ermuntert, ein bisschen herumzuradeln. Heute würde er das tun. Er musste ja nicht sagen, wohin er radeln wollte. Konnte er ja auch gar nicht, alle schliefen noch. Matteo grinste triumphierend. Er würde sich schon etwas ausdenken, wenn er zurückkam. Vielleicht war er sogar wieder da, bevor alle aufwachten. Sicherheitshalber schrieb er aber einen kleinen Zettel, denn er ahnte, dass leicht jemand auf die Idee kommen könnte, er sei abgehauen. Also schrieb er:

»Ich bin Fahrrad fahren. Viele Grüße Matteo«

Dann schlich er die Treppe hinunter und über den Hof zur kleinen Scheune. Da stand sein Rad.

Matteo radelte die Dorfstraße entlang und bog dann in den Feldweg ein, der Richtung Wald führte. Aufgeregt war er schon ein bisschen. Mit Opa hatte er an schönen

Tagen im Garten Verstecken gespielt. Dabei hatte sein Herz genauso aufgeregt geklopft wie jetzt. Matteo überlegte, warum ein Mann wohl allein in einem Zirkuswagen auf einer Wiese am Waldrand lebte. Bestimmt hatte er etwas zu verbergen. Vielleicht hatte er etwas ausgefressen und versteckte sich dort unter falschem Namen. Oder er war in Wirklichkeit ein Zauberer, was niemand wissen sollte, und darum tarnte er sich als Spinner, den alle in Ruhe ließen. Auf jeden Fall musste es ein Geheimnis um den Schäfer geben, da war er sich sicher. Und das würde er, Matteo, jetzt lüften. Wenn der Typ ein Verbrecher war, würde er es herausfinden und die Polizei auf dessen Spur bringen. Er wäre dann genauso ein Held wie die Jungs aus den Detektivgeschichten, die er gerne hörte.

Als er am Dorfrand angekommen war, war jedoch weit und breit nichts von einem Zirkuswagen zu sehen. Matteo bog in einen Weg ein, der am Waldrand entlangführte. Auch durch das Fernglas war nichts zu entdecken. Er kehrte um, denn in der Ferne sah er schon die Kirchturmspitze und ein paar Häuserdächer des Nachbardorfes, dazwischen nur Felder.

»Es gibt zwei Möglichkeiten«, überlegte Matteo. »Entweder der Schäfer wohnt am anderen Ende des Dorfes, oder diese Marleen hat Märchen erzählt.«

Hier war jedenfalls kein Schäfer, kein Wagen, nichts. Matteo radelte den Weg zurück auf die Dorfstraße. Er strampelte wieder an Opas Haus vorbei, das nun sein ungeliebtes Zuhause war. Es schienen immer noch alle zu schlafen, nichts rührte sich. Matteo grinste. Im ganzen Dorf war noch niemand unterwegs, alles war still. Das Dorf gehörte ihm allein. Zumindest heute Morgen.

Matteo erreichte das andere Ende des Dorfes, bog wieder in einen Feldweg ein und hielt Ausschau. Hier war der Weg staubig und steinig, sein Rad holperte durch Schlaglöcher. Er musste erfreulicherweise nicht weit fahren, um zu finden, was er suchte. Zuerst fielen ihm die grasenden Schafe auf. Sieben Tiere leuchteten schon von Weitem weiß im satten Grün der Wiesen und des angrenzenden Waldes. Sie grasten friedlich auf einer eingezäunten Wiese. Hinter der Schafwiese entdeckte er im Schatten einiger großer alter Bäume einen maisgelb gestrichenen Zirkuswagen. Das also musste das Zuhause des Schäfers sein. Matteo legte sein Rad am Wegrand hinter einen Busch und schlug sich ins dichte Gestrüpp. Ein guter Platz, von dem aus er nicht gesehen wurde, aber alles genau beobachten konnte. Matteo nahm die Schutzkappe vom Fernglas und schaute aufmerksam hindurch.

Hinter der Schafwiese erkannte er im Vordergrund zwei Rundlinge aus gehacktem Brennholz, daneben einen Hackklotz, in dem ein Beil steckte. Daneben hatte er den Wagen genau im Blick. Über eine Treppe kam man auf eine kleine Veranda zur Wagentür. Sie war geschlossen. Die Fenster waren ebenfalls geschlossen, davor gab es Blumenkästen, wie Oma sie am Balkon gehabt hatte. Die Vorhänge waren offen, aber nichts regte sich.

Entweder schlief der Schäfer noch oder er war nicht da. Matteo ließ den Blick durch das Fernglas über das Gelände schweifen. Rechts, unweit des Wagens, stand ein kleines Häuschen, weiß gestrichen. Einige Meter daneben befand sich eine Bretterwand. Darüber hing vom Baum ein schwarzer Sack mit einem Duschkopf.
»Aha«, dachte Matteo, »das muss das Badezimmer des Schäfers sein: Klohäuschen und Dusche.« Stand da zwischen den Bäumen nicht auch eine Badewanne? Matteo schaute, was links des Wagens zu entdecken war: ein großer Garten mit Beeten, ein kleines Gewächshaus dazu. Am Rand des Gartens stand noch ein Häuschen, das wie eine große Hundehütte aussah, es war mit Ziegeln gedeckt und ähnelte einem kleinen Fach-

werkhaus von Opas Eisenbahnlandschaft. Die Hütte hatte auch einen Schornstein. Eine Hundehütte mit Schornstein? Seltsam! Er blickte wieder nach rechts, seine Augen suchten nach einer Bewegung, aber alles lag still und unbeweglich da. Rechts neben den Holzrundlingen ragte noch etwas auf, das so ähnlich aussah wie ein Carport. Es war ein vorne offener Schuppen, drinnen standen zwei Bänke und ein Tisch. An einem Baum lehnte ein Fahrrad. Das Holzgebäude, das an die Schafwiese angrenzte, schien der Stall für die Schafe zu sein. Ganz am rechten Rand des Grundstücks erkannte er Schilf. Vielleicht war dort also ein Teich oder ein kleiner See. Das war ein ganz schön großes Stück Land für nur einen Mann. Den konnte Matteo allerdings nirgends entdecken.

Das musste wirklich ein komischer Kauz sein, der da wohnte, abseits vom Dorf, ohne festes Haus und fließendes Wasser. Ob er Strom hatte? Matteo überlegte: Ohne Strom würde er nicht einen Tag überleben. Nicht, weil es abends dunkel wurde und er sich ohne Licht fürchtete. Nein, ohne Strom ging nichts, was Matteo Spaß machte: Computer spielen, Detektivgeschichten hören, Filme gucken ... Er hatte einmal einen Stromausfall erlebt, ein ganzer Nachmittag ohne Energie – stinklangweilig!

Viele Gedanken wirbelten durch Matteos Kopf, schneller, als es ihm lieb war. Matteo überlegte, was er tun sollte. Er hatte das Gelände einige Minuten genau beobachtet, und es lag wie ausgestorben da. Er war noch neugieriger geworden und konnte unmöglich einfach den Heimweg antreten. Ob es ihm gelingen würde, in das Reich des Schäfers hineinzuschleichen? Wenn er es geschickt genug anstellte, würde ihn niemand sehen. Mathilda und Marleen könnte er dann berichten, was er alles herausgefunden hatte über den Schäfer. Überall waren Büsche, Hecken, Bäume. Da konnte er sich beim Anschleichen gut verstecken.

Er lief gebückt immer ein paar Meter, bevor er wieder einen Moment verharrte und Ausschau hielt. Die Schafe hatten ihn mittlerweile entdeckt und unterbrachen ihr Frühstück. Matteo wurde aufmerksam von sieben Schafaugenpaaren verfolgt. Er zog den Kopf ein. Es war ihm fast peinlich, dass die Schafe ihn entdeckt hatten. Er fühlte sich ertappt. Durfte er einfach so auf ein fremdes Grundstück schleichen?

»Hoffentlich machen die Schafe keinen Spektakel und verraten mich«, dachte Matteo.
Aber die Schafe beließen es bei neugierigen Blicken. Je näher er dem Grundstück kam, desto aufgeregter wurde er. Immer noch regte sich nichts. Auch bellte kein Hund, wie er vermutet hatte. Ob der Schäfer vielleicht gar keinen Wachhund hatte? Wozu dann die Hütte am Rand des Gartens? Endlich hatte er die Pforte zum Grundstück erreicht, sie war nicht verschlossen. Über der Pforte hing ein hölzernes Schild, auf dem stand: »Anderland«. Ob der Schäfer so mit Nachnamen hieß? Vorsichtig öffnete er sie.
»Selbst schuld«, rechtfertigte Matteo sein Eindringen, wenn der Typ nicht abschloss, war das eine Einladung!
Matteo lauschte. Nichts, kein Geräusch war zu hören. Er sah sich noch mal in alle Richtungen um, konnte aber niemanden entdecken. Matteo holte tief Luft, als müsste er eine weite Strecke tauchen, dann trat er ein. Es war mucksmäuschenstill, dass es Matteo so vorkam, als hätte selbst der Wind aufgehört zu wehen und die Vögel würden vor Spannung das Zwitschern vergessen. Langsam setzte

Matteo einen Fuß vor den anderen, fast lautlos, stets nach rechts und links, vor und hinter sich schauend. Die Pforte hatte er weit offen gelassen, sodass er schnell flüchten konnte, wenn es nötig werden sollte.

Matteo schlich am Garten, am Gewächshaus vorbei und erkannte, dass die Hundehütte mit Schornstein ein Backofen sein musste. Die Tür stand offen, die Luft unter dem Vordach flirrte. Da schien eine Menge Hitze rauszukommen. Er lief gebückt hinüber zum Wagen, traute sich aber nicht die Treppe hinauf, sondern versteckte sich unter dem Wagen. Er lauschte. Nichts. Nicht einmal ein Schnarchen. Der Schäfer schien wirklich nicht da zu sein. Er krabbelte wieder unter dem Wagen hervor, eilte hinüber zum Klohäuschen und schmunzelte.

»Vielleicht ist das ja gar kein Klohäuschen, vielleicht ist das ein Fahrstuhl«, überlegte er. »Einer, der den Schäfer, der in Wirklichkeit ein Räuber oder Zauberer ist, in ein unterirdisches Geheimversteck bringen konnte, wo er seine Schätze hütete oder seine Gefangenen eingesperrt hatte.«

Vorsichtig lugte er um die Ecke Richtung Dusche.

Die Luft war immer noch rein, er eilte also weiter, vorbei zu dem Ding, das wie ein Carport aussah. Drinnen fand er nicht nur den Tisch und die Bänke, sondern an einer Wand auch einen Gasherd, ein Spülbecken, einen kleinen Schrank.
»Hier scheint der Schäfer zu kochen«, dachte Matteo, als er plötzlich ein Geräusch hinter sich hörte und erstarrte.
»Herzlich willkommen in Anderland«, sagte eine Stimme hinter ihm. »Normalerweise klingelt mein Besuch an der Pforte, damit ich weiß, dass jemand kommt. Mir scheint, du bist neu hier und wusstest das nicht, oder?«
Blitzschnell drehte Matteo sich um und schaute in ein grinsendes Gesicht. Vor ihm stand ein Mann, zu dessen Füßen ein graues Huhn nach Körnern pickte – das musste der Schäfer sein. Matteo wurde es heiß und kalt zugleich. Er suchte nach Worten, aber es fielen ihm keine ein. Er wollte rennen, aber die Füße schienen am Boden festgewachsen zu sein. Konnte der Schäfer wirklich zaubern? Hatte er ihn erstarren lassen wie eine der Figuren auf Opas Eisenbahnlandschaft?

Das besondere Frühstück

»Nun denn, nochmals willkommen, schweigsamer Gast!«, sagte der Schäfer, ging an Matteo vorbei zum Gasherd und entzündete eine Flamme. Unter dem Dach der Hütte befanden sich ein paar Haken, durch die ein Seil gezogen war: die Wäscheleine. Daran hängte der Schäfer ein Handtuch auf.
»Jetzt!«, dachte Matteo.
Während ihm der Mann den Rücken zukehrte, könnte er loslaufen, über die Wiese, vorbei an Wagen und Garten zurück zur Pforte, den Feldweg

entlang zum Fahrrad und ab. Aber er blieb wie angewurzelt stehen.

»Möchte der Herr Überraschungsgast mit mir frühstücken, oder ziehen Eure Eindringlichkeit es vor, lieber auf denselben leisen Sohlen zu verschwinden, auf denen Ihr gekommen seid?«, fragte der Mann, Matteo immer noch den Rücken zuwendend.

Matteo schwieg. Er fühlte sein Herz bis zum Hals schlagen, seine Wangen brannten – warum rannte er nicht weg?

Der Mann drehte den Kopf über seine Schulter und sah ihn an.

»Bist du vielleicht stumm?«, fragte er mit in Falten gelegter Stirn. »Kannst du mich überhaupt verstehen, junger Mann?«

Matteo nickte stumm.

»Aha, na bitte, das ist doch ein Anfang. Hat dir dein schlechtes Gewissen oder der Schreck alle Worte geklaut?«

Matteo hörte den Schäfer sprechen und obwohl er nicht darüber nachdenken wollte, suchte er nach einer Antwort auf seine Frage. Ja, jetzt war er stumm wie ein Fisch, und all seine Abenteuerlust war verflogen. Vor allem durch den Schreck. Woher war der Mann so schnell aufgetaucht, einfach so aus dem Nichts? Wenn er zaubern konnte, dann hatte er sich bestimmt unsichtbar gemacht und war ihm bereits eine Weile gefolgt. Matteo schauderte. Ja, vielleicht war es so gewesen. Schließlich hatte Matteo doch so gut aufgepasst, sich so aufmerksam umgesehen, war so prima geschlichen wie selten zuvor – und doch war er überrascht worden. Das war ihm ein Rätsel und ging doch nur mit Zauberei.

Aber ein schlechtes Gewissen hatte er auch. Wie damals, als er kurz vor seinem Geburtstag im Kleiderschrank bei Mama und Papa geguckt hatte, ob sie dort schon ein Geschenk für ihn versteckt hatten. Matteo wusste sehr genau, dass man nicht einfach so auf ein fremdes Grundstück schlich und jemanden heimlich ausspionierte. Er schämte sich vor dem Fremden. Er selbst wurde jedes Mal stinkewütend, wenn Mathilda, ohne anzuklopfen,

in sein Zimmer kam. Doch sie war immerhin seine Schwester, sie wohnten zusammen. Matteo fände es schlimm, wenn fremde Menschen einfach so bei ihnen eindringen würden, wie er es hier getan hatte.
Schreck oder Gewissen? Matteo grübelte.
»Beides«, hauchte er schließlich kleinlaut.
In diesem Moment flog das graue Huhn auf die Bank und machte einen langen Hals. Es schaute auf den Tisch. Matteo verzog einen seiner Mundwinkel zu einem Grinsen. Das Huhn sah lustig aus, wie es so seinen Kopf drehte und offensichtlich nach Futter suchte. Für einen Moment vergaß Matteo seine Lage, aber nur für einen kurzen.
»Hmmm«, brummte der Schäfer nach der Pause.
»Erschrecken wollte ich dich nicht. Ich hoffe, mein Anblick ist erträglich? Ich war eben im See schwimmen, das mache ich morgens gerne.«
Er strich sich durch sein Haar, zupfte seinen Ziegenbart zurecht und wischte über die Falten seines Hemdes.
»Ich habe mich sozusagen besuchsfein gemacht!«, lachte er.
Matteo versuchte ein höfliches Lächeln.

»Was dein Gewissen angeht, kann ich dich beruhigen. Das ist ein sehr gutes Zeichen. Darüber würde ich mich an deiner Stelle freuen.«

Matteo schnaufte. »Freuen?«

»Ja. Klar. Wie gut, wenn man selbst spürt, dass man etwas falsch gemacht hat. Dann muss es einem der andere nicht sagen. Ein Gewissen ist eine wunderbare Erfindung.«

»Kann man so sehen«, dachte Matteo. Wenn er ein gutes Gewissen hatte, weil er jemandem geholfen hatte oder so, dann fand er das auch. Aber jetzt war sein Gewissen eine Last.

»Ich kann zaubern!«, sagte der Schäfer plötzlich in die Stille hinein.

Matteo erschrak, hatte er es sich doch gleich gedacht!

Bevor er weiterdenken konnte, fügte der Mann hinzu: »Ich kann schlechte Gewissen in Luft auflösen. Weißt du, wie das geht?«

Matteo schüttelte wie in Zeitlupe den Kopf.

»Ich kann ganz einfach das tun, was jetzt noch getan werden muss, nachdem du selbst gemerkt hast, was falsch war: verzeihen. Und dann ist es gut.«

Matteo war immer noch nicht geflüchtet und er fragte sich wieder und wieder, warum er es nicht längst getan hatte. Noch hatte der Mann nicht gefragt, wo er wohnte, wie er hieß, noch bestand eine Chance, dass seine Eltern von diesem peinlich missglückten Ausflug nie etwas erfuhren.

Der Schäfer schaute Matteo an, und es schien Matteo, als könne er seine Gedanken lesen, als er sagte: »Weißt du, äh ... wie heißt du eigentlich?«

Da. Jetzt war es zu spät! Jetzt würde alles rauskommen.

»Matteo«, flüsterte er mit gesenktem Kopf.

»Weißt du, Matteo, man muss sich natürlich auch selbst verzeihen können. Sonst nützt das Verzeihen des anderen wenig. Für seine Neugier und seine Wünsche muss man sich nicht schämen, man muss kein schlechtes Gewissen deswegen haben. Wichtig ist bei allem nur, dass man anderen Menschen denselben Respekt entgegenbringt, den man sich selbst wünscht, oder lieber etwas mehr. Nächstes Mal kommst du einfach nicht wie ein Dieb in der Nacht, sondern wie ein Freund. Und du machst das Tor hinter dir zu. In Ordnung?«, fragte der Schäfer.

Nächstes Mal. Wie ein Freund. Matteo stutzte. Der Schäfer schien wirklich nicht böse zu sein. Noch bevor Matteo genau darüber nachdenken konnte, was er gesagt hatte, fügte dieser hinzu: »Frühstückst du jetzt mit mir oder hast du schon was anderes vor?«

»Ich ... ich ...«, stammelte Matteo.

»Aha, du musst immer noch überlegen. Nun gut.« Er bückte sich und öffnete eine Luke im Boden. Matteo durchzuckte es. Ob er ihn dort hineinstecken wollte? Doch er holte eine Milchflasche aus dem Loch unter der Luke. Ob das sein Kühlschrank war? In einem Museum hatte Matteo mal gesehen, dass die Menschen früher Eiskeller tief in der Erde hatten, um verderbliche Lebensmittel frisch zu halten.

»Während du überlegst, kannst du ja die Hühner aus dem Stall lassen«, riss ihn der Mann aus seinen Gedanken. »Ach, und entschuldige bitte, dass ich mich nicht auch längst vorgestellt habe. Ich bin Hannes. Im Dorf nennen sie mich ›den Schäfer‹, aber das wirst du längst wissen.«

Er hielt Matteo die Hand hin. Er hatte sie vorher an seiner Schürze abgewischt, die er inzwischen umgebunden hatte. Seine Hände waren nass, weil er zuvor seine Kaffeekanne abgespült hatte. Das Wasser kam aus einem Plastikkanister mit Ablasshahn über dem Spülbecken.

Matteo gab im zögernd seine Hand. Hannes lächelte.

»Wo der Hühnerstall ist, weißt du sicher schon. Mach einfach die kleine Klappe an der Vorderwand auf, dann kommen die Hühner heraus. Bringst du Eier mit? Eins, wenn du lieber gehen möchtest. Zwei, wenn du mitfrühstückst.«

Matteo löste sich aus seiner Starre und ging langsam los, nicht zur Pforte, sondern Richtung Hühnerstall.

»Ach ...«, rief Hannes ihm nach, »am besten ist, du gehst durch die große Tür in den Stall, um die Eier aus den Nestern zu holen. Auch wenn du kleiner bist als ich und gerne schleichst, solltest du nicht versuchen, dich durch die enge Hühnerklappe hineinzuzwängen!« Hannes lachte.

Matteo hörte schon von draußen, dass die Hühner im Stall aufgeregt gackerten. Er öffnete die kleine Hühnerklappe am unteren Teil der Stallwand und heraus sprangen vier braune Hühner, drei schwarze und ein schneeweißer Hahn mit leuchtend rotem Kamm. Sie beachteten Matteo gar nicht, sondern stürmten an ihm vorbei auf die Hühnerwiese. Die war an vielen Stellen zerwühlt und mit tiefen Kuhlen bedeckt. Matteo hatte Mathilda einmal von einem Bauernhof abgeholt. Dort hatte sie mit einer Freundin Reiterferien verbracht. Da hatte er Hühner beim Staubbad in einer solchen Kuhle gesehen. So reinigten sie ihr Gefieder von Ungeziefer. Er fand es komisch, dass sie sich mit dem zu »waschen« schienen, was er als

Schmutz bezeichnete. Kaum waren die Hühner draußen, begannen sie auch schon zu scharren und zu picken. Der weiße Hahn hüpfte auf einen alten Obstbaumast, der vom Boden aus ein Stück in die Luft ragte, schlug mit den Flügeln, als wollte er sich recken. Dann krähte er laut.

Matteo suchte den Eingang zum Hühnerstall, der lag um die Ecke. Er hob den Riegel, und leise knarrend öffnete sich die Tür. Vorsichtig trat er ein. Er war noch nie zuvor in einem Hühnerstall gewesen. Drinnen war es warm und schummerig, nur durch ein kleines Fenster, das staubig und voller Spinnweben war, fiel mattes Licht. Der Boden war mit Stroh bedeckt und an der Wand waren Nischen aus Holz eingebaut. Das waren die Nester, in die die Hühner ihre Eier legten. Und wirklich: Er fand fünf Eier, alle waren braun. Als er eines in die Hand nahm, war er ganz verwundert. Es war noch warm! Zu Hause im Kühlschrank waren alle Eier kalt wie Stein. Ein Huhn musste dieses Ei gerade gelegt haben. Plötzlich nahm er im Augenwinkel einen Schatten wahr, hatte sich dort etwas bewegt? Er schaute nach links. Tatsächlich! Auf den Stangen, die dort angebracht waren, saß noch ein

Huhn. Matteo schaute zum Huhn – das Huhn schaute zu Matteo. Langsam stand es auf, reckte seine Flügel, hüpfte von der Stange, schlenderte bedächtig, einen Hühnerfuß vor den anderen setzend, zur Klappe und lugte hinaus. Matteo wunderte sich. Warum ging es nicht raus? Es machte kehrt, pickte Körner vom Boden, strich seinen Schnabel rechts und links am Stroh ab und gab leise Töne von sich. Fast hörte es sich so an wie die Tür, es quietschte ein wenig.

Ein oder zwei Eier. Jetzt musste Matteo sich entscheiden. Eines hatte er schon in der Hand. Er zögerte. Gut, sauer schien Hannes nicht zu sein. Aber mit ihm essen, sollte er das tun? Irgendwann würden sie doch zu Hause auf ihn warten und sich wundern, dass er satt nach Hause kam. Andererseits war er hergekommen, um alles auszukundschaften. Jetzt würde er das leicht und ohne Probleme tun können. Möglicherweise zeigte ihm Hannes sogar seinen Wagen! Hastig griff er nach einem zweiten Ei und ging zur Tür. Er sah noch einmal auf das Huhn, das immer noch seelenruhig pickte und keine Anstalten machte, den anderen zu folgen. Dann verließ er den Stall.

Hannes hatte bereits den Tisch gedeckt. Als er sah, dass Matteo zwei Eier brachte, lächelte er.
»Schön, da freue ich mich. Ein Sonntagsfrühstück zu zweit!«, sagte er, öffnete eine Schranktür und holte ein Brett, ein Messer und eine Tasse heraus.
»Hier essen Sie?«, fragte Matteo.
»Ja, das ist meine Sommerküche. Im Frühling und im Sommer esse ich hier, im Herbst und Winter im Wagen. Kochen tue ich hier allerdings das ganze Jahr über. Es ist angenehmer als in meinem kleinen Wagen. Hm, eigentlich müsste es also Ganzjahresküche heißen statt Sommerküche«, schmunzelte Hannes.
»Ist Ihnen nicht kalt beim Kochen im Winter?«, fragte Matteo.
Hannes schien einen Moment zu überlegen und fragte dann: »Warum sagst du ›Sie‹ zu mir?«
»Weil wir uns nicht kennen. Das gehört sich so«, antwortete Matteo, der jetzt lieber keine Fehler mehr machen wollte.
»Aha«, entgegnete Hannes und fuhr fort: »Nein, mir ist meist nicht kalt, außer bei Ostwind. Der macht mir sogar im Sommer eine Gänsehaut. Ansonsten trage ich beim Kochen im Winter warme

Wollsachen. Mit der Zeit gewöhnt man sich als Wiesenbewohner außerdem an andere Temperaturen. Vor allem, wenn man auch das ganze Jahr draußen duscht, wissen Sie!«

Matteo war irritiert. Hatte Hannes jetzt auch »Sie« zu ihm gesagt? Er tat so, als hätte er es nicht bemerkt.

»Ein Huhn ist noch im Stall und nicht mit den anderen rausgegangen«, berichtete er pflichtbewusst. Hannes schmunzelte.

»Ja ja, das ist Ellie. Sie ist ein Morgenmuffel und kommt immer sehr spät aus dem Stall. Sie braucht morgens lange zum Wachwerden. Dafür ist sie abends die Letzte, die in den Stall zurückgeht. Mögen Sie eigentlich Marmelade und Honig zum Frühstück oder essen Sie morgens lieber Käse?«

Da! Schon wieder! Hannes sagte »Sie« zu Matteo.

»Warum sagen Sie jetzt ›Sie‹ zu mir?«, fragte Matteo irritiert.

»Nun, weil wir uns noch nicht kennen. Sie sagten, das gehöre sich so. Also wollte ich nicht unhöflich sein.«

»Aber ich bin ein Kind!«, erwiderte Matteo.

»Soll man denn Kindern gegenüber nicht respektvoll und höflich sein?«, fragte Hannes überrascht.

»Aber Sie sind doch ein Erwachsener!«, sagte Matteo verwundert und zuckte mit den Schultern.

»Meinen Sie, Kinder sollen Erwachsenen gegenüber respektvoll sein, nicht aber umgekehrt? Habe ich Sie da richtig verstanden?«

Matteo gestikulierte mit den Händen, suchte nach Worten – und gab auf. Hannes schien wirklich seltsam zu sein. Das war doch alles sonnenklar, was musste man da noch erklären?

In seine Sprachlosigkeit hinein sagte Hannes: »Nun, wir können uns ja auch so lange respektvoll duzen, bis wir uns kennen. Und sollten wir feststellen, dass wir uns nicht mögen, siezen wir uns einfach wieder. Was meinen Sie?«

Matteo schaute Hannes zweifelnd an. Der grinste. Matteo musste auch grinsen. Da begann Hannes zu kichern und Matteo zu lachen.

»Oh, das Brot!«, rief Hannes plötzlich. »Das hätte ich doch beinahe vergessen!«

Er sprang auf und ging zu seinem Wagen. Er kam mit einem Laib Brot zurück, der in ein Leinentuch gewickelt war. Das Brot war noch warm, so wie vorher das Ei.

»Frisch gebacken!«, rief Hannes stolz. »Es lässt sich noch nicht so gut schneiden, wenn es frisch ist, aber ich versuche es gleich. Koch du schon mal die Eier!«, sagte er zu Matteo.

»Wo ist denn dein Eierkocher?«, fragte Matteo.

»So was habe ich nicht. Mach einfach ein wenig Wasser in den Topf, sodass die Eier noch zur Hälfte herausgucken, und dann ab auf den Gasherd damit. Ich hole inzwischen den Rest.«

Matteo füllte ein wenig Wasser in einen kleinen Topf, legte die beiden Eier hinein – aber was jetzt? Einen Gasherd hatte er noch nie benutzt. Zu Hause ging alles mit Strom, im »Handumdrehen« sozusagen.

Als Hannes zurückkam, zeigte er Matteo, wie man den Gasherd entzündet.

»Die Marmelade ist aus Erdbeeren aus meinem Garten. Noch vom letzten Jahr. Und den Honig haben meine Bienen gemacht. Er schmeckt köstlich!«

»Machst du alles selbst, was du isst?«, staunte Matteo.

»Alles nicht«, erwiderte Hannes, »aber vieles. Ich backe mein eigenes Brot, auch Kuchen und Pizza. Im Garten wachsen Möhren, Erbsen, Zucchini, Lauch, Kartoffeln, Kürbis, Rhabarber, Radieschen, Kohlrabi, Broccoli, Bohnen und noch vieles mehr. Im Gewächshaus habe ich Tomaten, Paprika und Salat, an den Büschen Himbeeren, Johannisbeeren und Stachelbeeren. Die Obstbäume tragen Äpfel, Birnen, Kirschen und Pflaumen. Und die letzten Erdbeeren dieses Jahres müssen dringend verarbeitet werden. Was meinst du, möchtest du mit mir Marmelade kochen? Du kannst dann ein paar Gläser mit nach Hause nehmen.«

»Aber ich habe noch nie Marmelade gekocht«, gab Matteo zu bedenken.

Hannes lachte: »Das ist das Einfachste der Welt, da mach dir keine Sorgen!«

Anderland

Zuerst war Matteo sehr zurückhaltend. Alle selbst gemachten Dinge – das Brot, die Marmelade, der Käse aus Schafsmilch – sahen anders aus als die Lebensmittel aus dem Supermarkt, die er kannte. Er probierte zaghaft, doch sie schmeckten köstlich. So aßen sie genüsslich schmatzend und erzählend.

»Warum hast du vorhin gesagt: ›Willkommen in Anderland‹?«, fragte Matteo. »Als ich das Schild draußen sah, dachte ich, du heißt so mit Nachnamen!«

»Das würde passen!«, lachte Hannes. »Anderland ist mein Zuhause. Ich habe es so genannt, weil so vieles anders ist als um mich herum. Hier holt man sich Wasser aus dem Brunnen, es kommt nicht aus der Leitung. Hier fliegen Kraniche und Wildgänse tief übers dachlose Badezimmer, wenn ich dusche. Und die Klospülung funktioniert mit Sägemehl. Hier ...«

»Mit Sägemehl?«, unterbrach Matteo. »Wie geht das denn?«
»Ganz einfach: Du gehst aufs Klo und wenn du fertig bist, streust du Sägemehl über dein Geschäft, fertig.«
»Igitt. Das muss doch fürchterlich stinken!« Matteo rümpfte die Nase.
»Nein. Es riecht nach Sägemehl, nach Holz in meinem Klo.«
»Das finde ich komisch. Warum machst du das?«, fragte Matteo.
»Weißt du, ich war mal in Afrika. Da habe ich Menschen getroffen, die ihr Wasser noch viel weiter tragen mussten als ich hier. Und das Wasser war nicht so sauber und köstlich wie meins aus dem Brunnen. Es war schmutzig. Aber es gab kein anderes zum Trinken, Kochen, Waschen. Da habe ich gedacht: Und zu Hause spülst du dein Geschäft mit Trinkwasser weg. Das fand ich dann komisch! Darum habe ich mir ein Kompostklo gebaut. Hier wird einfach mit Sägemehl ›gespült‹. Wenn die Grube voll ist, schaufle ich sie leer und fahre den Mist aufs Land. Inzwischen ist fast alles zu Erde geworden.«

»Opa hat immer Kuhmist im Erdbeerbeet verteilt, das fand ich zuerst eklig. Aber er hat gesagt, dass die Erdbeeren dann besser wachsen. Ich habe mir die Nase zugehalten und gedacht: ›Nie esse ich eine einzige von diesen Erdbeeren.‹ Als die Erdbeeren reif waren, haben sie sehr lecker geschmeckt. Der Mist war auch weg, zu Erde geworden.«

»Der Mist hat Nährstoffe in die Erde gebracht, die haben die Erdbeeren so lecker gemacht!«, reimte Hannes. »Ich habe dich hier noch nie gesehen!«, bemerkte er nach einer Weile.

»Wir sind neu hier ins Dorf gezogen. In das Haus meines Opas, er ist ...«, Matteo stockte. Das Wort kam ihm immer noch nicht leicht über die Lippen. »... gestorben«, beendete er schließlich seinen Satz.

»Oh, das ist traurig. Vermisst du ihn?«, fragte Hannes.

Matteo nickte. »Ich will hier auch gar nicht wohnen ohne ihn. Ich wollte lieber in der Stadt wohnen bleiben, dort zur Schule gehen und meine Freunde treffen!«, antwortete Matteo. »Was soll ich hier? Im Dorf ist alles doof!«

»Was war denn das Besondere an deinem Opa?«, fragte Hannes.

»Mit Opa konnte ich spielen wie sonst mit keinem Erwachsenen. Mit ihm konnte ich lachen und Faxen machen. Opa war mein Freund. Ihm konnte ich alles erzählen, auch die größten Geheimnisse. Er hat mich nie verpetzt und mir immer geholfen. Opa war einmalig! Deshalb fehlt er mir!«, sagte Matteo, und seine Augen füllten sich mit Tränen. »Bloß nicht weinen«, dachte er, »nicht vor diesem Fremden weinen – auch wenn es ein netter Fremder ist.«

»Komm mal mit, Matteo«, sagte Hannes und stand auf, »ich will dir etwas zeigen!« Hannes ging ein paar Schritte vor Matteo über die Wiese Richtung Wagen. Dann blieb er stehen und drehte sich um: »Willkommen im Garten der Gefühle und Kostbarkeiten!«, rief er schließlich mit ausgebreiteten Armen. »Hier darf ein Mensch zeigen, wie es ihm geht! Ob er fröhlich ist oder traurig. Hier werden Gefühle sichtbar. Hier wachsen Gefühle zu Denkmälern, hier bekommt Unsichtbares eine Gestalt.«

Er zeigte auf lauter Dinge, die rund um den Wagen herum aufgestellt waren. Dinge aus Stein, Dinge aus Eisen, aus Holz. Kleine, große, sichtbare, etwas versteckte.

»Stimmt«, erinnerte sich Matteo, »Marleen hat davon erzählt.«

In seiner Aufregung hatte er die Kunstwerke gar nicht gesehen.

Hannes drehte sich um sich selbst und lachte. »Komm!«

Er zeigte Matteo einen großen, sehr schönen, flachen Stein, der wie eine Scheibe senkrecht auf einem Sockel befestigt war. In seiner Mitte befand sich ein kreisrundes Loch, darin steckten leicht verwelkte Blumen.

»Dies hier ist das Denkmal für das Vermissen! Jedes Glück hat ein Loch. Immer fehlt uns etwas, weil jemand uns verlässt, den wir lieben und der unser Leben hell und fröhlich gemacht hat. Oder weil wir etwas verlieren, das uns wichtig war. Oder weil wir etwas nicht bekommen, was wir uns so sehr wünschen. Unser ganzes Leben scheint manchmal ein Loch zu haben, weil etwas fehlt. Das Loch macht uns traurig. Wenn ich so ein Loch spüre, fülle ich es mit schönen Erinnerungen und liebevollen Gedanken. Heute Morgen habe ich diese Ringelblumen in das Loch gesteckt und mich daran erinnert, dass ein Mensch, den ich vermisse, immer gut gerochen hat und für mich schön wie eine leuchtende Blüte war! Manchmal lege ich eine Muschel in das Loch, weil ich das Meer vermisse. Manchmal stelle ich abends ein Teelicht in das Loch, weil ich mir wünsche, dass ein lieber Mensch, der mir fehlt, es hell und warm hat, egal, wo er ist.«

»Wen vermisst du denn?«, fragte Matteo. »Deinen Opa?«

»Nein«, sagte Hannes, »zum Beispiel die Frau, die ich gerne geheiratet hätte. Sie hat sich aber für einen anderen Mann entschieden. Immer, wenn ich an sie denke und sie vermisse, suche ich etwas Schönes, das ich ins Loch lege. Manchmal vermisse ich meinen Freund, der schon gestorben ist. Oder ich vermisse ein schönes Erlebnis, das lange vorbei ist. Beim Suchen fallen mir schöne Erinnerungen, wertvolle Gedanken ein. Die sollte man unbedingt denken. Wenn ich dann etwas Schönes gefunden und hineingelegt habe, vermisse ich nicht mehr so sehr, sondern fühle Trost! Dann hat das Leben hier und jetzt wieder mehr Platz.«
Hannes ging weiter. Zwischen Wagen und Backofen stand eine Figur aus Eisen.
»Darf ich vorstellen?«, tönte er vor Matteo wie ein Zirkusdirektor, der eine Attraktion vorstellt. »Das ist das Denkmal des Mutes und der Hoffnung!«
Matteo sah eine Figur, die aus Eisenstangen zusammengeschweißt war. Arme, Beine und Rumpf waren wie bei einem Strichmännchen aus einzelnen Eisenstangen, Hände und Füße ebenfalls, nur aus dünneren Stangen. Der Mann hatte einen Kopf aus einem Metallteil, das so aussah, als hätte

es zu einem Motor oder zu einer Maschine gehört. Er hatte beide Arme ausgebreitet, als müsse er wie ein Seiltänzer das Gleichgewicht halten. Ein Bein stand fest auf dem Boden, auf einem Stein, um den ein Seil gewickelt war. Das andere war weit nach vorn gestreckt, den Fuß hoch in der Luft. Er berührte das Seil, das sich vom Boden aus hoch hinauf in den Birnbaum zog. Es sah aus, als wollte der Eisenmann auf dem Seil in den Baum hinaufbalancieren.

»Eigentlich kann das gar nicht gehen«, dachte Matteo.

Den Eisenmann schien das nicht zu stören. An dem Seil hingen kleine bunte Stofftücher, auf die mit Farbe Worte oder kleine Bilder gepinselt waren. Matteo sah auf dem einen Stofftuch ein dickes Schaf und ein kleines Lamm, beide lächelten.

»Was bedeutet das Tuch mit den beiden Schafen drauf?«, fragte Matteo.

»Hoffnung und Mut sind wichtige Dinge im Leben«, erwiderte Hannes feierlich. »Einmal hatte mein Schaf Locke ein Lamm in ihrem Bauch. Kurz vor der Geburt ist Locke sehr krank geworden. Ich wusste nicht, ob sie und das Lamm überleben werden. Da habe ich all meine Hoffnung hier auf dieses Stück Stoff gemalt. Der Tierarzt hat sich sehr gut um Locke gekümmert, und ich war Tag und Nacht bei ihr, habe ihr Mut gemacht und meine Hoffnung nicht verloren. Locke hat das Lamm zur Welt gebracht, beide haben überlebt. Wenn ich manchmal Zweifel habe, ob etwas gelingt, komme ich hierher und sehe, wie viel Hoffnung ich schon in meinem Leben hatte, die sich erfüllt hat. Jede Fahne ist eine mutige Hoffnung. Nicht immer geht alles gut, aber mit Hoffnung und Mut gelingen manchmal auch Dinge, die vorher Sorgen machen.«

Matteo nickte nachdenklich. Hannes war Richtung See weitergelaufen. Schon von Weitem sah Matteo, wie sich ein Gebilde leise quietschend im Wind drehte. Drei alte Eisenräder waren im Abstand von einem halben Meter übereinander auf eine Achse gesteckt, die senkrecht im Boden verankert war. Es waren Metallflügel an die Räder geschweißt, und der Wind drehte die Räder auf der geölten Achse. Auf den Rädern waren lauter bunte Sachen befestigt: eine Blume aus Blech, ein regenbogenbunter Fisch aus Holz, ein Flaschenschiff, ein Fahrrad aus Draht und lauter lustige und schöne Dinge.

»Und hier, hochverehrter Gast, sehen Sie das Karussell der Freude. Oft setze ich mich hier auf einen Stuhl und beobachte das Karussell der Freude, wie es sich im Wind des Lebens dreht. Wenn ich traurig bin oder schlecht gelaunt, bekomme ich nach einer Weile gute Laune und freue mich, wie schön das Leben doch sein kann. Und wenn ich gute Laune habe, freue ich mich am Anblick der bunten Dinge, die sich im Wind drehen, noch mehr. Manchmal fällt mir auch noch etwas ein, was mir Freude macht, dann baue ich es und befestige es auf einem der Räder. Aber sie müssen immer gut gefettet sein, sodass der Wind sie auch antreiben kann. Wenn ich das Karussell nicht pflege, hört es auf, sich zu drehen! Dann steht die Freude still.«

Das verstand Matteo.

»Und hier«, ging Hannes gleich weiter, »ist das Denkmal der Zeit, das Kostbarste, was dem Menschen geschenkt ist.«

Weiter kam er aber nicht. Beim Anblick dieses Denkmals, einer kunstvoll gebauten Sonnenuhr, durchzuckte es Matteo plötzlich, als hätte ihn ein Blitz getroffen: Wie spät mochte es wohl sein? Ach du Schreck, schon fast Mittag! Vielleicht würden ihn seine Eltern schon suchen.

»Ich ... ich ...«, stammelte Matteo. »Ich muss gehen, Hannes! Meine Eltern ... weißt du ... ich ...«

»Oh!«, erwiderte Hannes. »Das verstehe ich. Kein Problem, Matteo!«

Matteo bedankte sich für alles und flitzte Richtung Pforte.

»Ich komme morgen wieder, ja?«, rief er Hannes im Laufen zu.

»Gerne«, antwortete Hannes und winkte.

»Wie ein Freund, nicht wie ein Dieb in der Nacht«, lachte Matteo.

»Genau! Wie ein Freund. Darauf freue ich mich!«, schallte es von Hannes zurück.

Matteo eilte bis zu seinem Rad, das glücklicherweise immer noch so dort lag, wie er es abgelegt hatte. Er strampelte hastig den Feldweg entlang, bog auf die Dorfstraße ein und erreichte auch bald Opas Haus.

Ein Denkmal für Opa

Die Fenster des Hauses waren geöffnet, Mama hatte die Federbetten zum Lüften auf das Fensterbrett gelegt. Matteo hörte Musik aus Mathildas Zimmer und sah, dass Papa schon mit dem Auto unterwegs gewesen sein musste. Es stand nicht mehr in der Garage, sondern parkte auf dem Hof. Eilig ging Matteo durch die angelehnte Haustür hinein.

»Wo zum Teufel warst du, Matteo?«, empfing ihn sein Vater lautstark.

»Guten Morgen!«, versuchte Matteo freundlich

das drohende Unwetter abzuwenden und seine fehlende Ausrede zu überspielen.

»Morgen? Es ist gleich Mittag! Wir haben uns Sorgen gemacht! Wo warst du?«

»Ich bin ein bisschen Rad gefahren und habe mir die Gegend angeschaut! Hab ich doch auf den Zettel geschrieben.«

»Ich möchte nicht, dass du einfach so alleine irgendwo in die Wälder verschwindest, schon gar nicht mitten in der Nacht, hörst du?«

»Mitten in der Nacht? Stimmt doch gar nicht. Was kann ich dazu, wenn ihr so lange schlafen müsst?«, schimpfte Matteo.

»Jetzt werd nicht noch frech, Bürschchen!«, schimpfte sein Vater zurück.

Mama kam um die Ecke und legte Papa eine Hand auf die Schulter. Der schnaubte und schwieg.

»Und? Hat dir der Ausflug gefallen, mein Lieber?«

»Ja. Heute Nachmittag würde ich gerne wieder …«

»Heute Nachmittag besuchen wir Onkel Jakob und Tante Maja. Schon vergessen?«, zickte Mathilda dazwischen.

»Bäbäbääää«, zickte Matteo zurück. »Mama, muss ich da mitfahren?«

»Darüber diskutieren wir nicht, nicht nach diesem Vormittag!«, mischte sich sein aufgebrachter Vater erneut ein.

»Ja, Matteo, da fahren wir alle zusammen hin. Jakob und Maja freuen sich auf uns alle, auch auf dich. Morgen kannst du wieder umherstreifen, wenn du uns Bescheid sagst, wo du bist,« sagte Mama versöhnlich.

Mathilda funkelte Matteo an. Er ahnte, dass sie wusste, wo er gewesen war. Doch sie sagte nichts. Matteo überlegte kurz, ob er ihr später zuflüstern sollte, dass Hannes gar kein so komischer Kauz war. Er hatte große Lust, seine Entdeckung jemandem anzuvertrauen. Aber Mathilda war nicht Opa, sie würde ihn sicher verpetzen. Also sagte Matteo lieber nichts.

Am Nachmittag fuhren sie zu Onkel Jakob und Tante Maja. Matteo gab sich Mühe, den Ausflug zu genießen. Er freute sich jedoch insgeheim die ganze Zeit auf den nächsten Tag. Das war schon ein wenig seltsam, denn er kannte Hannes ja noch gar nicht wirklich.

»Wiederkommen wie ein Freund«, dachte Matteo nachmittags lächelnd.

Doch als sie abends zurückkamen, war Matteo traurig. Sie fuhren aufs Land, nicht in die Stadtwohnung. Als seine Mutter gesagt hatte, sie würden jetzt »nach Hause« fahren, war Matteo in Gedanken in der Stadtwohnung gewesen. Aber das war Vergangenheit. Opa war Vergangenheit. Oma schon viel länger. Matteo dachte an Hannes und seine Gefühlsdenkmale. Das war schon komisch, dass jemand so was machte ... seine Gefühle in den Garten stellen. Ob Hannes auch ein Wutdenkmal hatte? Manchmal wurde Matteo nämlich wütend, dass er Dinge nicht ändern oder machen konnte, wie er sie gerne hätte.

Matteo ging sofort ins Bett, doch er lag wach und dachte nach. Er würde, beschloss er, ein Opa-Denkmal errichten. Und zwar unter der Linde, auf Opas Bank. Er wusste auch schon genau, wie das Denkmal aussehen würde: die Schatzkiste! Alle Dinge, die er bis jetzt darin bloß aufbewahrt hatte, würde er ab jetzt benutzen. Dafür hatte Opa sie ihm schließlich gegeben. Die Schatzkiste würde er genau da auf der Bank festschrauben, wo Opa seinen Lieblingsplatz gehabt hatte. Und jede Erinnerung, jeden Gedanken, alles, was Opa ihm beigebracht hatte, würde er auf Zettel schreiben, auf Papier malen, vielleicht auch auf Stoff wie Hannes oder er würde einen Gegenstand dazu finden. Und diese kleinen Schätze kamen dort hinein. Ein Foto von Opa natürlich auch. Er hatte ja einige ... aber wo eigentlich?

Matteo stand noch mal auf und kramte in seinen Umzugskartons. Da! Da war das Foto von ihm und Opa unten im Keller an der Eisenbahn. Opa hatte sich eine Eisenbahnermütze schief aufgesetzt, eine Trillerpfeife im Mund und eine runde grüne Tafel in der Hand, wie die Schaffner sie benutzen, um auf dem Bahnsteig dem Lokführer das Zeichen zur Abfahrt zu geben. Opa hatte die Augen weit aufgerissen und schielte, Matteo lachte da-

neben mit zugekniffenen Augen Tränen. Opa war so ein Spaßmacher gewesen. Das Foto hatte Mama gemacht. Matteo lächelte. Dieser schöne Moment war auf dem Foto eingefroren. Er würde ihn nie vergessen. Doch Matteo erinnerte sich an mehr, als auf dem Foto zu sehen war. An diesem Tag war ihm ein wenig später im Wohnzimmer die Karaffe mit Saft heruntergefallen und zu Bruch gegangen. Mama hatte in der Küche das Scheppern gehört. Als sie um die Ecke kam, die Scherben und den nassen Teppich sah, dazu den vor Schreck bleichen Matteo, wollte sie gerade mit einer »Matteo, kannst du nicht besser aufpassen?«-Standpauke loslegen, als Opa plötzlich sagte: »Gütiger Himmel! Was bin ich für ein Trottel! Dass ich aber auch immer so hektisch sein muss. Nein, oh nein! Jetzt schau dir das an, Matteo. Was habe ich angerichtet? Da lasse ich die Karaffe fallen! Alles nass. Lauter Scherben. Wirklich, ich bin ein alter Trottel!«
Und zu Mama sagte er augenzwinkernd: »Das darfst du mir natürlich von meinem Taschengeld abziehen! Und ich werde sofort alles sauber machen!«
Mama schüttelte den Kopf. »Lass mich das ma-

chen. Du schneidest dich sicher noch an den Scherben!«

Matteo hatte fast geweint, weil er so erschrocken gewesen war und weil Opa so getan hatte, als sei es ihm passiert. Bei ihm hatte Mama nicht geschimpft. Wenn sie gewusst hätte, dass Matteo es gewesen war, hätte sie sicher viele Dinge gesagt, die Matteo alle selber wusste. Warum Erwachsene Kindern wohl bei einem Missgeschick immer noch obendrauf eine Predigt halten mussten? Es reichte doch, dass Kinder es selber blöd fanden, wenn ihnen so was Dummes passierte. Dann brauchten sie eigentlich Trost, nicht noch ein Donnerwetter dazu!

Matteo holte die Schatzkiste unter seinem Bett hervor. Er kippte sie aus und legte ihren Inhalt in seine Schrankschublade. Dann klebte er das Foto in den Deckel der Kiste. Er betrachtete das Bild, strich Opa über seine Fotowange. Bevor Matteo wieder ins Bett krabbelte, malte er Opa, der ein Pflaster auf dem Mund hatte, das stand für Opas Verschwiegenheit. Dieses Vertrauen, dass Opa immer zu ihm gehalten hatte, ihn nie verpetzt und auch nie ein einziges Geheimnis verraten hatte, liebte Matteo so an Opa. Als er fertig war, legte er das Bild in die Kiste und schloss sie behutsam. Dann drückte er den Kasten an seine Brust.

»Das ist mein Schatz!«, flüsterte Matteo leise.

Dann gähnte er, stellte die Kiste vor sein Bett und schlüpfte unter seine Decke.

»Gute Nacht, Opa!«, sagte Matteo noch, dann schlief er ein.

Am nächsten Morgen legte Matteo die Brille mit dem krummen Bügel in das Schatzkästchen. Von allen Dingen, die er ab sofort benutzen wollte, konnte er die Brille am wenigsten brauchen. Sie war aber kostbar. Ein echtes Opa-Überbleibsel. Matteo schraubte die Kiste mit Papas Akkuschrauber auf der Bank fest. Papa hatte ihn natürlich zuerst wieder mit hundert Fragen gelöchert und ihn aufzuhalten versucht. Als Matteo aber von seinem Plan erzählte, wurde er ganz still. Sein Vater meinte, die Bank wäre wohl auch mit Schatzkästchen groß genug und dass das wirklich eine schöne Idee war.

»Du musst die Kiste irgendwie vor der Witterung schützen, Matteo! Sonst wird sie schnell verrotten«, sagte Papa und brachte einen Pinsel und ein wenig Leinöl aus Opas Werkstatt.

Wenn Opa ein Ding vor etwas schützen wollte, strich er es immer mit Leinöl ein.

»Vielleicht würde er noch leben, wenn er sich selbst auch damit eingestrichen hätte«, dachte Matteo, als er mit dem Pinsel die Kiste strich.

Opa mit Leinöl einzupinseln hätte sicher Spaß gemacht, so schrecklich kitzelig, wie er war!

»Solange sie trocknet, möchte ich gerne Fahrrad fahren. Ich komme zum Mittag zurück – versprochen«, sagte er, als er fertig war.

Sein Vater hatte eigentlich noch fragen wollen, wohin Matteo fahren wollte. Dann aber verkniff er sich das und sagte nur: »Pass auf, wenn du eine Straße überquerst. Und an den Moorsee fährst du nicht, schwör es!«

»Ich schwöre, Papa!«, sagte Matteo feierlich. »Ich weiß nicht mal, wo dieser Moorsee ist!«

Eilig sprang er auf sein Rad und düste davon.

»Warte!«, rief Papa. »Nimm noch mein altes Handy mit, dann kannst du anrufen, wenn etwas sein sollte!«

Aber Matteo war schon davongesaust. Er war froh, dass Papa nicht gefragt hatte, was er vorhatte. Hannes, da war er sich sicher, hätten weder Papa noch

Mama als Ausflugsziel akzeptiert. Weil sie ihn nicht kannten und überhaupt. Eigentlich plapperten sie bloß nach, was die Leute im Dorf über Hannes sagten. Dabei war es Papa, der immer sagte, man solle Vorurteilen nie glauben, sondern sich selbst ein Bild machen. Matteo würde ihnen schon erzählen, was Hannes für einer war, irgendwann. Weil er sich beobachtet fühlte, fuhr Matteo bewusst in die andere Richtung und nicht direkt zu Hannes. Er radelte in Windeseile um das Dorf herum und kam dieses Mal von der anderen Seite zu Hannes.

Anderlands
Vielfalt

Als Matteo ankam, lag Anderland so still und leer da wie beim letzten Mal. Er schloss sein Fahrrad ab und lugte über den Zaun, konnte aber Hannes nicht entdecken. Er zog am Klingelband und erschrak ein wenig, wie laut das Glöckchen über ihm klingelte. Nichts geschah. Matteo traute sich nicht hinein. Er läutete ein zweites Mal, länger.
»Matteo? Bist du es?«, hörte er Hannes rufen.
»Ja!«
»Komm rein. Ich bin hier, im Gewächshaus!«
Matteo ging durch die Pforte Richtung Gewächs-

haus. Hannes pflegte seine Tomaten. Das graue Huhn pickte und scharrte im Gewächshaus, es folgte Hannes auf Schritt und Tritt.
»Hallo Matteo. Na, wie geht's?«
»Danke, gut. Und dir, Hannes?«
»Bestens. Schau, meine Tomaten sind bald reif! Sie werden köstlich schmecken.«
Matteo schaute ungläubig auf die Früchte. Sie sahen ganz anders aus als die Tomaten, die er kannte. Manche waren rund, andere eiförmig. Manche hatten die Form einer Banane oder waren so groß wie ein Paprika. Einige sahen aus wie kleine Birnen. Manche waren orange, gelb, schwarz, weiß, sogar blaue gab es. Die roten Tomaten waren jedenfalls in der Minderheit. Einige hatten Streifen oder Flecken und wirklich seltsame Formen.

»Das sollen Tomaten sein?«, staunte Matteo. »Ich kenne nur rote und gelbe«.

»Ach, Matteo, auf Gottes schöner Welt gibt es so unglaublich viele verschiedene Wunder. Tomaten zum Beispiel gibt es in über 2.000 Sorten. Schau, diese Tomate heißt grünes Zebra, weil sie Streifen hat. Sie bleibt immer grün, selbst wenn sie reif ist. Ein gelbes Zebra gibt es auch. Schau, und das ist die Reisetomate. Sie sieht aus wie eine Knoblauchknolle mit Zehen. Man kann von dieser Tomate einzelne Zehen abbrechen, ohne dass Saft heraustropft und sie matscht. Darum haben Menschen diese Tomate früher mit auf Reisen genommen. Sie konnten sich immer eine Portion abbrechen, ohne gleich Ketchup in der Tasche zu haben. Alle Tomaten schmecken anders. Ich finde es toll, wenn ich verschiedene Geschmäcker genießen darf. Diese hier heißt ›Honig von Mexiko‹ und sie ist wirklich ganz süß. Freu dich drauf, wenn sie reif sind, du wirst sie lieben. Es dauert nicht mehr lange.«

»Im Supermarkt gibt es nur drei oder vier Sorten Tomaten«, erinnerte sich Matteo.

»Ja, das stimmt. So ist es auch mit Äpfeln. Dabei

gibt es gut doppelt so viele Apfelsorten wie Tomatensorten!«

»Waaaas?«, staunte Matteo. »4.000 verschiedene Äpfel? Auch in blau?«

»Hmmmm ... in unterschiedlichen Größen und Geschmäckern bestimmt. Ja, auch in verschiedenen Farben. Aber blaue Äpfel kenne ich nicht. Wusstest du, dass es auch Hunderte Kartoffelsorten gibt? Aber die meisten Menschen wollen heute, dass ihr Essen immer gleich schmeckt und aussieht. Ist eine Salatgurke krumm, kauft sie keiner, weil Menschen an gerade Salatgurken gewöhnt sind. Die Gurken im Supermarkt sind alle fast kerzengerade. So passen möglichst viele in den Karton, mit dem sie geliefert werden. Meine Gurken wachsen schief und krumm, manche sind rund wie ein Kringel. Das ist die Natur. Sie formt nicht alles gleich, wenn wir sie machen lassen. Menschen sind ja auch sehr unterschiedlich. Es gibt große, kleine, manche sind krumm und ...«

»... manche rund wie ein Kringel!«, ergänzte Matteo.

Beide lachten.

»Meine Gurken in Naturform, meine alten Tomatensorten, die schmecken alle viel aromatischer als das Gemüse aus dem Supermarkt. Giftige Dünger und Pflanzenschutzmittel benutze ich auch nicht, so ist mein Essen auch gesünder. Darum baue ich es lieber selbst an.«

»Okay«, sagte Matteo, »aber im Winter wachsen keine Äpfel und Tomaten, Gurken auch nicht. Was machst du dann?«

»Matteo Schlaufuchs, das ist in der Tat ein Problem. Ich glaube aber, deine Oma hat das früher genauso gelöst wie ich. Warst du mal in ihrem Keller?«

Matteo überlegte.

»Ja. Was soll dort sein?«

»Vielleicht Gläser mit Obst und Gemüse?«, fragte Hannes.

»Ja!« rief Matteo. »Stimmt! Oma hatte Obst und Gemüse in Gläsern und aus vielen Früchten hat sie Marmelade gemacht. ›Einmachen‹ hat sie das immer genannt. Sie hat in einem großen Topf Gläser mit dem Obst und Gemüse gekocht! Ich weiß noch, dass ich mal traurig war, als wir Omas Marmelade gegessen haben, obwohl Oma schon über ein Jahr tot war. Aber ihre Marmelade hat frisch und fruchtig geschmeckt. Keine Marmelade schmeckt so gut wie die von Oma!«

»Siehst du, so mache ich das auch. Äpfel und Tomaten kann man zum Beispiel auch trocknen. Dann sind sie haltbar für den langen Winter. Wenn man einen guten Platz hat, wo Äpfel kühl und trocken liegen, kann man sie auch noch lange als ganze Frucht essen!«

»Oma hat immer Äpfel auf dem Kleiderschrank im Schlafzimmer gelagert, da war es kühl. Manchmal hat sie mir einen Apfel von dort gegeben. Ich wollte mal einen Apfel wegwerfen, weil die Schale schon schrumpelig war. Da hat Oma den Apfel geschält und gesagt: Mit Äpfeln ist es wie mit den Menschen. Wenn sie alt werden, schrumpelt ihre Haut. Aber innen drin sind sie meist noch knackig. Er hat lecker geschmeckt«, erzählte Matteo.

»Ja, man kann Lebensmittel, die schnell verderben oder die es nur zu bestimmten Jahreszeiten gibt, konservieren. Die Seefahrer brauchten für ihre langen Reisen auch viel Essen, das haltbar sein musste. Tiefkühler gab es nicht. Sie nahmen eingelegte oder eingekochte Speisen mit.«

»Aber kostet das nicht alles viel Zeit, Hannes?«, fragte Matteo.

»Natürlich!«, antwortete Hannes. »Aber es spart Geld und macht sehr viel Freude!«

Er zeigte auf die Schafe.

»Was denkst du, Matteo. Arbeiten Schafe?«

»Was war das denn nun schon wieder für eine Frage«, dachte Matteo. »Arbeiten? Nee. Sie haben frei und fressen und ruhen sich aus«, erwiderte er.

»Ich glaube, sie arbeiten«, widersprach Hannes. »Nur anders als Menschen. Deine Eltern arbeiten, um Geld zu verdienen. Mit dem Geld kaufen sie Essen für eure Familie. Ich mache es wie die Schafe oft ohne den Umweg mit Geld. Für das meiste Essen arbeite ich direkt, ich muss es nicht kaufen. Ich investiere nur Zeit und Liebe. Wie die Schafe, die das Gras abmähen, zerkauen, wiederkäuen und in Schafmist verwandeln. Außerdem macht mir das sehr viel Spaß. Für mich werden Lebensmittel, die ich mit viel Zeit und Liebe gezogen, geerntet und verarbeitet habe, zu einem kleinen Schatz. Wenn ich im Winter ein Birnenglas öffne, mache ich beim Essen die Augen zu und erinnere mich an den Sommer, den Herbst und meine Arbeit. Sie schmecken dann noch köstlicher! Kannst du das verstehen?«

»Ja, schon. Aber du kannst doch Birnen im Winter im Supermarkt kaufen, wenn deine aufgebraucht sind!«

»Das ist nicht dasselbe, Matteo. Wenn meine Birnen aufgefuttert sind, freue ich mich eben auf die nächste Ernte. Ich kann auch warten.«

»Du hast viel Arbeit mit deinem Essen«, überlegte Matteo. »Und dann ist es plötzlich ratzfatz aufgegessen!«

»Essen braucht Zeit. Essen erhält uns am Leben, es hält uns gesund und kräftig. Essen ist nicht nur eine lästige Pflicht, die schnell gehen muss. Für mich ist jedes Essen ein kleines Fest. Besonders mit den Dingen, die in meinem Garten wachsen. Du brauchst nur einen Garten und ein wenig Zeit und Liebe, dann wirst du nicht nur satt, sondern auch glücklich«, meinte Hannes.

Matteo dachte an den Garten bei Opas Haus. Oma und Opa hatten viel im Garten gearbeitet. Mama und Papa sagten, sie hätten keine Zeit dafür. Neulich meinte Matteos Vater, er wolle den Garten umpflügen und Rasen säen. Plötzlich fand Matteo das eine große Verschwendung. Ob er sich vielleicht um den Garten kümmern könnte? Dann würde er auch Obst und Gemüse dort anbauen und ernten. Hannes würde ihm bestimmt dabei helfen, dachte er – aber ihn danach zu fragen, traute er sich nicht.

Hannes stand auf, wusch sich die Hände in einem Eimer und sagte: »Wollen wir einen Keks essen und Kakao trinken? Ich habe mir eine Pause verdient!«

»Au ja!«, erwiderte Matteo.

Sie verließen das Gewächshaus und gingen Richtung Sommerküche. Das graue Huhn folgte ihnen mit etwas Abstand. Matteo sah sich um.

»Warum ist dieses Huhn nicht bei den anderen auf der Hühnerwiese?«, fragte er.

»Weil es ein Mensch ist!«, lächelte Hannes. »Darum wohnt es nicht auf der Hühnerwiese, nicht auf der Schafwiese, sondern auf der Menschenwiese.«

Matteo verstand nicht und schaute skeptisch.

»Du spinnst, Hannes!«, sagte er.

»Na ja, wir beide wissen, dass das nicht stimmt

und Huhnsch ein Huhn ist. Aber Huhnsch denkt, sie sei ein Mensch!«

»Huhnsch? Was ist denn das für ein verrückter Name?«

»Huhn und Mensch ergibt Huhnsch. Ganz einfach, oder?«

»Aber was ist denn an ... an Huhnsch menschlich?«

»Nun, sie isst mit mir, sie spricht mit mir, sie schläft unter meinem Wagen in einem Ministall, sie geht mit mir spazieren, begleitet mich im Garten, sie spielt Fußball mit mir, sie ...«

»Sie macht was? Fußball spielen?« Matteo lachte laut auf! »Wirklich, Hannes, du bist echt ein Spinner. Fußball! Ein Huhn kann doch nicht Fußball spielen!«

»Aber warum denn nicht? Komm, ich zeig's dir, obwohl ich nicht weiß, ob Huhnsch jetzt überhaupt Lust dazu hat.«

Hannes schaute sich auf der Wiese um und gab dann ein lang gezogenes »Aaaahhh« von sich, als er den kleinen roten Ball entdeckte. Er ging hin, hob ihn auf und legte ihn vor seinen rechten Fuß. Huhnsch hatte alles beobachtet, war ihm gefolgt und blieb in ungefähr drei Metern Entfernung vor Hannes stehen.

»Huhnsch!«, sagte Hannes laut und gab dem roten Ball einen behutsamen Tritt. Der Ball rollte auf Huhnsch zu, das Huhn sprang in die Luft, als der es erreicht hatte, und kickte dann mit beiden ausgestreckten Hühnerfüßen den Ball zurück. Er kullerte über den Rasen nicht ganz bis zu Hannes, aber immerhin. Matteo traute seinen Augen nicht. Hannes wiederholte den Ballwechsel noch ein paar Mal, immer vorher laut »Huhnsch« sagend, so als wolle er verhindern, dass jemand anderes den Ball bekam. Huhnsch kickte brav zurück. Es musste anstrengend für sie sein, denn im Verhältnis zu ihrer Körpergröße war selbst der kleine Ball halb so groß wie sie. Bevor Matteo es auch probieren konnte, drehte Huhnsch sich weg und schlenderte pickend und suchend über den Rasen Richtung Wagen.

»Nun mag sie nicht mehr«, sagte Hannes. »Und? Was sagst du dazu?«

»Das glaubt mir keiner!«, sagte Matteo sichtlich beeindruckt.

»Huhnsch ist als Letzte von einem Gelege geschlüpft, da waren alle anderen Küken schon groß und kräftig. Als Nachzüglerin hatte sie es nicht leicht. Alle anderen Hühnerküken haben auf ihr herumgehackt, also richtig mit den Schnäbeln. Sie haben Huhnsch verletzt, und ich musste sie aus dem Stall nehmen, sonst hätte sie nicht überlebt. Ich habe sie dann hier auf der Wiese großgezogen. Und da auch Hühner Gesellschaft brauchen, hat sie wohl irgendwann beschlossen, ein Mensch zu sein. Seither isst sie mit am Tisch, sitzt gerne abends mit mir auf der Bank unterm Baum, klopft mit dem Schnabel an die Tür, wenn es ihr zu windig oder nass draußen ist. Sie geht mit mir spazieren, ich kann sie streicheln wie einen Hund oder eine Katze, und manchmal erzählen wir uns was auf Hühnisch.«

Hannes machte einige Laute, die sich sehr echt wie ein Huhn anhörten. Huhnsch blickte auf und antwortete. Matteo lachte.

»Okay, Huhnsch ist ein bisschen Mensch, aber du bist auch irgendwie ein bisschen Huhn, Hannes, ich höre es!«

Die Kekse schmeckten köstlich. Hannes hatte sie in der vergangenen Woche im Backofen gebacken.

»Hast du den Ofen selbst gebaut?«, fragte Matteo.

»Hmhm«, machte Hannes und nickte. Mit vollem Mund ergänzte er: »Ef ift ganpf eimfaff!«

Er prustete und krümelte auf den Tisch. Matteo hielt sich den Bauch vor Lachen, Hannes sah mit seinen dicken Keksbacken aus wie ein Hamster.

Das Leben achten

Als sie aufgegessen hatten, gingen sie mit Körbchen ausgerüstet in die Erdbeeren. Sie pflückten die letzten reifen Früchte und erzählten dabei. Matteo sah, wie eine Nacktschnecke zu einem Erdbeerstrauch kroch und trat fest mit dem Fuß darauf.
»Nicht!«, rief Hannes noch, aber da war es schon zu spät. Matteo wurde rot.
»Die fressen dir doch deine Erdbeeren weg!«
»Aber das ist doch ihre Aufgabe, Matteo! Sie backen kein Brot, kochen keine Suppe – ihre Nah-

rung ist das, was im Garten wächst! So gesehen sind das nicht allein meine Erdbeeren.«

»Wieso nicht? Du hast sie gepflanzt, sie wachsen in deinem Garten, auf deiner Wiese!«

»Die Wiese und die Pflanzen gehören nicht mir allein. Es ist das Zuhause für viele Tiere und Pflanzen. Schnecken gab es hier schon lange, bevor ich mit meinem Wagen kam, und es werden noch welche hier sein, wenn ich schon längst wieder weg bin. Ich bin hier sozusagen nur ein Gast. Meine Ernte kann ich mit den anderen Geschöpfen teilen, es bleibt immer noch genug für mich übrig. Wenn ich verhindern möchte, dass Tiere mir etwas wegfressen, baue ich Zäune oder sammle die ›Räuber‹ ein und bringe sie rüber in den Wald. Ich töte sie nicht. Sie haben ein Recht auf Leben wie wir, ob es uns passt oder nicht! Und wenn ich zum Beispiel Kraut zwischen den Nutzpflanzen hier ausreißen muss, damit mein Gemüse wächst, lasse ich es dafür an anderer Stelle einfach wachsen, Brennnesseln zum Beispiel. Denn für Schmetterlinge und Insekten sind Brennnesseln wichtig! Außerdem kann man aus ihnen auch Tee machen ... sehr lecker!«

Matteo wusste nicht, was er sagen sollte. Opa hatte immer gesagt, dass Schnecken und Käfer Schädlinge und Brennnesseln Unkraut seien. Opa ging in seinem Garten auf die Jagd nach Schädlingen und war oft ganz zornig, wenn ihm etwas weggefressen worden war. Hannes, der fast alles aus seinem Garten aß und nur selten mit dem Rad in die Stadt fuhr, um einzukaufen, schien so gelassen zu sein. Seltsam! Ob etwas schädlich oder nützlich, sinnvoll oder unnütz war, hatte wohl etwas mit der Sichtweise zu tun. Hannes sagte sogar, es gebe nichts, was sinnlos oder unnütz sei. Jede Pflanze, jedes Tier habe seine Aufgabe. Wir Menschen auch.

»Weißt du, Matteo, ich staune ganz oft über die kleinen Geschöpfe auf der Wiese. Jedes Tier hat sein eigenes Wesen. Die Spinnen vor meinem Wa-

genfenster weben alle ein ganz eigenes Netz, es ist wie eine Handschrift. Wenn ich mal eins zerstöre, weil ich den Fensterladen schließe, ist am nächsten Tag ein neues da, und es hat immer einen Webfehler. Jede Spinne vergisst einen Faden an einer bestimmten Stelle. Daran erkennt man, dass es immer dieselbe Spinne gebaut hat. Ich könnte nie ein so feines Netz weben, egal wie schlau ich bin und wie viel Zeit ich hätte.«

»Mathilda hasst Spinnen« sagte Matteo.

»Nun ja, man muss sie ja nicht lieben, nur achten. Sie leben. Und sie haben ihren Platz auf dieser Welt. Sie dürfen hier sein. Man kann einen Bogen um sie machen. Das Recht, ihr Leben zu beenden, haben wir nicht. Wusstest du, dass in den letzten 40 Jahren 80 Prozent der Insekten verschwunden sind?«

»Verschwunden?«

»Ja, ausgestorben, durch Gifte, die auf den Feldern unsere Früchte schützen sollen. Das hat Folgen. Manche Vögel, die Insekten fressen, gibt es auch nicht mehr, sie verhungerten. Und die Bienen, die unsere Pflanzen bestäuben, werden auch immer weniger. Ohne Bienen gibt es kein Obst, denn sie befruchten beim Honigsammeln die Blüten der Obstbäume, damit Früchte daran wachsen. Ein Gift unterscheidet nicht, es tötet alles. Tiere, die andere Tiere jagen, tun dies, um sie zu fressen und am Leben zu bleiben. Sie würden nie alle Arten töten. Der Mensch tötet meist, weil ihm ein Tier, eine Pflanze nicht in seinen Plan passt oder weil er es nicht leiden kann oder unnütz findet. Ich finde das nicht richtig. Du kannst in der Schule auch nicht jeden verprügeln, den du nicht leiden kannst. Weil nämlich die anderen auch dich achten müssen. Gute Gemeinschaft bedeutet Respekt im Umgang miteinander. Auch und gerade mit denen, die nicht die besten Freundinnen und Freunde sind. So ist es auf der Wiese auch. Die Menschen müssen wieder lernen, Respekt zu haben!«

Matteo dachte nach. »Was, wenn der Fuchs Huhnsch fressen will, lässt du das zu?«

»Natürlich nicht. Ich passe gut auf Huhnsch auf. Ich sichere alle Ställe, damit kein Räuber hineinkommt. Wenn es doch einem gelingen sollte, dann bin ich zwar traurig, aber nicht wütend, weil ich ja weiß, dass dies seine Aufgabe ist, um am Leben zu bleiben. Mir käme jetzt nicht in den Sinn, den Fuchs oder alle Füchse dafür zu hassen oder gar zu töten.«

Zurück in der Sommerküche wuschen sie die Erdbeeren und schnitten sie klein. Matteo dachte immer noch über das nach, was Hannes gesagt hatte.

»Meinst du, jedes Tier ist so einmalig wie ein Mensch?«, fragte er.

»Na klar! Sie sehen nur oft einfach alle gleich für uns aus, weil wir nicht genau hinsehen«, meinte Hannes. »Ellie zum Beispiel, die ist wie manche Menschen, die nicht gerne früh aufstehen. Sie braucht immer lange, um aus dem Nest zu kommen, und ist abends das letzte Huhn, das in den Stall kommt. Das dicke braune Huhn kommt immer als Erstes aus dem Stall, in der Hackordnung der Hühner ist es die Anführerin. Sie ist immer schnell und findet oft zuerst einen Wurm. Ellie scheint das nicht so wichtig zu sein. Und Waldemar lässt ...«

»Waldemar?«, unterbrach Matteo.

»Der Hahn, er heißt Waldemar«, erklärte Hannes. »Waldemar lässt immer alle vor und ruft sie, wenn er was zu futtern gefunden hat. Er lässt sie alles aufpicken. Er sorgt gut für seine Hühner. Die Schafe sehen auch nur auf den ersten Blick alle gleich aus. Wenn du sie ein bisschen kennst, siehst du Unterschiede, dann kannst du sie an ihren Rufen unterscheiden: Berta blökt ganz tief, sie brüllt sozusagen. Die kann gar nicht leise ›sprechen‹. Pünktchen meckert fast wie eine Ziege, immer ein wenig zu leise, da muss man genau hinhören. Klößchen ist immer die Erste, wenn ich etwas zu fressen habe – ein Stück hartes Brot oder Apfel. Sie ist die Dickste, sie futtert einfach am liebsten. Meistens blökt sie überhaupt nicht. Außer, wenn nicht genug zu fressen da ist. Manche toben und spielen miteinander, andere sind gern für sich. Ich sage dir, wenn du die Tiere beobachtest, entdeckst du, dass sie uns Menschen in vielem sehr ähnlich sind. Und jedes Tier ist verschieden, auch wenn sie auf den ersten Blick alle gleich aussehen. Eines sind sie auf jeden Fall nicht: dumm! Sie mögen nicht sprechen, nicht rechnen und schreiben können, aber sie haben ein Herz, sie fühlen oft genau, ob es mir gut oder schlecht geht. Und alle haben eine Aufgabe!«

»Na ja, bei Hunden und Katzen denke ich das ja

auch, aber von Hühnern und Schafen, Käfern und Schnecken wusste ich das bisher nicht.«

»So ist es mit allem auf der Welt, Matteo: Nur das, was du kennst und achtest, womit du dich beschäftigst, wofür du dir Zeit nimmst, kannst du verstehen oder lieben und respektieren. Ich kenne die Schlafplätze der Schnecken. Sie kommen immer wieder an denselben Ort zurück, um sich auszuruhen, zumindest die mit Häuschen. Die Hühner, die Schafe, meine Bienen – alle wissen schon lange vor mir, wie das Wetter wird, wann es zu regnen beginnt, ob ein Unwetter kommt. Ich kann sie beobachten und aus ihrem Verhalten lesen. Und soll ich dir was sagen: Das geht sogar mit Pflanzen!«

Matteo lauschte aufmerksam. Wenn sie zu Hause zum Beispiel wissen wollten, ob das Wetter am Ausflugstag gut werden würde, schauten seine Eltern ins Internet. Hannes lebte irgendwie in einer ganz anderen Welt. Ob er überhaupt Internet hatte? Einen Computer? Ein Handy? Einen Fernseher? Als er so überlegte, fiel ihm auf, dass er bisher noch gar nicht den Wagen von innen gesehen hatte.

Matteo wog nach Hannes' Anweisung Zucker und

Geliermittel ab – das machte die Marmelade fest und haltbar, hatte Hannes ihm erklärt – und schüttete es zu den Früchten. Alles wurde im Topf einmal kurz aufgekocht und dann in Gläser gefüllt, die Hannes mit kochendem Wasser ganz sauber gespült hatte, damit die Marmelade nicht schimmelte. Es duftete herrlich nach Erdbeermarmelade, wie früher, wenn Oma welche gekocht hatte. Nach nicht einmal einer Stunde standen 23 Gläser Erdbeermarmelade auf dem Tisch.

Hannes packte Matteo zwölf Gläser in einen Karton, sie waren noch warm.

»Alles, was hier entsteht, ist immer noch warm. Die Eier der Hühner, das Brot, die Marmelade – es ist fast so, als ob die Liebe, die Hannes oder die Hühner für ihr Tun aufbringen, aus den Dingen strahlt«, dachte Matteo. »Du, Hannes, darf ich deinen Wagen auch mal von innen sehen?«, fragte er dann neugierig.

»Na klar«, grinste Hannes. »Dass ich da noch nicht von selber draufgekommen bin!«

Hannes kletterte mit Matteo in seinen Wagen. Ein Tisch, drei Stühle, ein Bett, ein Ofen, ein Schrank, an den Wänden ein paar Regale. Es hingen Fotos an der Wand: Schneckenhäuser, Spinnennetze, Bilder von Menschen. Da war eine Frau, Bilder von Kindern, einem alten Mann. Matteo fragte nicht, er schaute nur. Ein paar gerahmte Gedichte hingen auch an der Wand. Der Spiegel war aus einer Baumscheibe gemacht, auf dem Tisch standen frische Blumen.

»Gemütlich«, sagte Matteo.

»Ja, ein gutes Plätzchen!«, antwortete Hannes.

In jeder Ecke waren kleine Kunstwerke zu sehen, ein geschnitztes Herz aus Holz, viele schöne Steine.

»Hast du einen Computer, Hannes?«, fragte Matteo.

»Ja, ein Notebook, dort unter dem Bett. Manchmal brauche ich eines. Wenn ich früher eine Frage hatte, musste ich in die Stadtbibliothek. Ob ich da eine Antwort fand, war nicht sicher. Manchmal war das Buch ausgeliehen, oder ich fand nach langem Suchen nicht das richtige. Heute schaue ich ins Internet und finde ganz viele Informationen. Sehr praktisch.«

»Spielst du auch?«

»Mit dem Computer? Nein!«, lachte Hannes.

»Hast du ein Telefon?«

»Nein.«

»Und einen Fernseher?«

»Nein, ich habe immer was zu tun und ich schaue auch gern meinen Schafen zu. Oder auf die Blätter, die sich im Wind bewegen. Oder in den Himmel mit seinen Wolken und Sternen. Das wird nie langweilig.«

»Du hast auch keine Uhr«, staunte Matteo, nachdem er sich umgesehen hatte.

»Nein, mein Hunger sagt, wann es Zeit zum Essen ist. Waldemar und die Sonne sagen, wann es Zeit zum Aufstehen ist. Meine Müdigkeit erinnert mich daran, ins Bett zu gehen. Und wenn ich es genau wissen muss, habe ich ja die Sonnenuhr im Garten«, beruhigte Hannes Matteo.

»Ui, ob ich ohne Uhr leben könnte?«, rätselte Matteo. »Mama sagt, ich vergesse auch mit Uhr immer die Zeit. Ich glaube, ich sollte jetzt nach Hause. Darf ich wiederkommen?«

»Ja, klar. Für einen Freund habe ich immer Zeit. Und wenn ich was zu tun habe, wird ein Freund helfen oder Verständnis haben ... was meinst du?«

»Auf jeden Fall!«, sagte Matteo.

Klößchens Unfall

Als er wieder nach Anderland aufbrach, ahnte Matteo nicht, wie schnell seine Hilfe als Freund gefragt sein würde. Schon von Weitem sah er Hannes auf der Schafwiese, er kniete und schien am Zaun zu arbeiten. Und lag da nicht auch ein Schaf? Ja, Klößchen! Das war schon gut zu erkennen, denn Klößchen war ja das dickste Schaf. Je näher Matteo kam, desto kräftiger trat er in die Pedale, denn ihm wurde klar, dass irgendetwas nicht stimmte. Und richtig: Als Hannes Matteo heranstrampeln sah, rief er: »Matteo, schnell, beeile dich, ich brauche dich!«

Matteo rumpelte so schnell über den holprigen Weg, dass er über manches Schlagloch hinwegflog. Er bremste scharf vor dem Zaun, warf sein Fahrrad eilig in den Staub, ohne sich weiter darum zu kümmern, riss das Tor auf und raste zu Hannes auf die Schafweide.

Klößchen lag keuchend am Boden. Sie hatte ihren Kopf durch den Zaun gezwängt, offenbar hatte sie auf der anderen Seite etwas Leckeres entdeckt, das sie fressen wollte. Sie hatte einen sehr langen Hals gemacht, um heranzukommen. Sie musste ihren

Kopf sehr weit durch die Maschen des Zaunes gezwängt haben und war dann stecken geblieben. Sie kam nicht vor und nicht zurück. Wahrscheinlich war sie in Panik geraten und hatte sich hoffnungslos mit Wolle, Kopf und Läufen im Zaun verfangen. Je mehr sie sich zu befreien versuchte, desto mehr hatte sie sich verhakt. Hannes hatte das offenbar irgendwie bemerkt und war ihr zu Hilfe geeilt. Er kämpfte mit Klößchen, die sich panisch strampelnd wehrte, obwohl ihr Hannes helfen wollte.

»Schnell, Matteo, halt ihre Beine fest, die habe ich schon befreit«, wies Hannes Matteo an.

Der zögerte. Er hatte noch nie die Beine eines Schafes festgehalten.

»Matteo!«, sagte Hannes laut, Schweiß rann ihm von der Stirn, sein Gesicht war rot vor Anstrengung, seine Hände zerkratzt vom Zaun. »Die Beine, Matteo! Worauf wartest du? Beeil dich, Klößchen wird sonst ersticken!«

Matteo hörte, wie Klößchen keuchte und zu blöken versuchte. Sie schien Todesangst zu haben. Die Drahtschlaufe hatte sich eng um ihren Hals gelegt.

»Matteo! Los!«, schrie Hannes nun laut, und Matteo erwachte aus seiner Starre.
Er griff nach Klößchens strampelnden Beinen, die Hufe waren schmutzig, an einem Bein hatte sie sich schon eine Schürfwunde zugezogen. Als Matteo die Beine gerade erwischt hatte, strampelte Klößchen heftig. Matteo verlor den Halt und fiel rückwärts mitten in einen Haufen Schafsmist. Er stand auf und griff erneut nach Klößchens Beinen. Dieses Mal fester. Als Hannes versuchte, ihren Hals aus dem Zaun zu ziehen, strampelte sie wieder, und Matteo bekam einen Huf unter sein Kinn – autsch. Tränen verwässerten seinen Blick.
»Bist du okay?«, fragte Hannes.
»Ja ... ja, ja«, stammelte Hannes. Aber er hatte sich wohl bei dem Tritt auf die Lippe gebissen. Sie blutete ein wenig. Matteo fühlte sich wie ein Versager, als er sagte: »Ich kann sie nicht halten, Hannes. Sie ist so stark, so wild.«
»Gut, Matteo. Ich krieg ihren Kopf eh nicht raus. Ich versuche, den Zaun so weit aufzubiegen, dass sie noch atmen kann. Schnell, du kannst mir helfen, indem du eine Zange holst.«
»Eine Zange?«

»Ja, dann kneifen wir den Draht durch«, sagte Hannes. »Schnell!«
»Wo soll ich die Zange holen?«, fragte Matteo
»Im Hühnerstall gibt es einen Seitenraum. Da steht eine Werkbank. Darüber hängen Werkzeuge. Die Zange mit dem roten Griff, die hat einen Seitenschneider dran, damit kneifen wir den Draht ab. Schnell, Matteo, Klößchen ist in Panik, sie wird sich an der Zaunmasche erwürgen, wenn wir sie nicht bald befreien können!«
Matteo rannte los.
»Die Zange mit dem roten Griff, du wirst sie gleich entdecken! Lauf, Matteo!«, rief Hannes ihm hinterher.
Matteo rannte wie ein geölter Blitz zum Stall, fand an der Seite die Tür zum Nebenraum, riss sie auf und stand vor der Werkbank. Er sah darüber Werkzeug, auch zwei Zangen. Keine hatte einen roten Griff! Er nahm einen Eimer und stülpte ihn um. Er kletterte auf die Werkbank und nahm die beiden Zangen von der Wand. Er sah eine Halterung für eine dritte Zange, sie war leer. Hannes musste die Zange, die er jetzt brauchte, irgendwo anders hingelegt haben. Fieberhaft suchten Matteos Au-

gen die Werkbank und den Raum noch mal ab. Nichts. Eilig kletterte er wieder von der Werkbank und rannte mit den anderen beiden Zangen zurück zu Hannes.

»Keine mit roten Griffen, Hannes, da ist keine Zange mit roten Griffen!«, rief er Hannes entgegen.

»Verdammt!«, fluchte dieser.

Als Matteo bei Hannes ankam, war Klößchen schon ganz schlapp und keuchte. Hannes versuchte, die Masche des Zaunes so weit weg von Klößchens dickem Hals zu halten, wie er konnte. Plötzlich fiel Matteo Opas Geschenk ein: das Multifunktionswerkzeug an seinem Gürtel. Da war doch auch eine Zange dran, oder? Schnell holte er es hervor. Matteo klappte es auseinander und suchte eine Zange ... da! Er hielt sie Hannes zitternd hin.

»Du!«, schnaufte Hannes. »Du musst den Draht durchschneiden!«

Matteo führte das Werkzeug an die Schlinge um Klößchens Hals, die heftig wackelte, weil Klößchen nicht stillhielt. Matteo hatte Angst, Klößchen wehzutun. Mit einer Hand hielt er den Draht fest, mit der anderen versuchte er, den Draht zu durchtrennen. Aber es ging nicht, er hatte nicht genug Kraft.

»Fester, Matteo, fester! Nimm beide Hände!«

Matteo schwitzte. Er spürte, wie seine Finger schmerzten, wie sie sich mit aller Kraft um die Griffe des Werkzeugs klammerten und zudrückten.

»Ich schaffe es nicht, Hannes, ich schaffe es einfach nicht!«, schrie Matteo verzweifelt.

»Doch, Matteo, glaub an dich! Du schaffst es! Gib alles, Matteo. Drück zu! Fester!«

Matteo nahm alle Kraft, allen Mut und all sein Vertrauen zusammen und drückte. Dabei stieß er einen lang anhaltenden Laut aus wie ein Wolf, der nachts den Mond anheulte. Mit einem harten Knacken durchtrennte das Werkzeug den Draht, die Masche weitete sich ruckartig, Klößchens Hals war frei.

Hannes lockerte seinen Griff. Seine Finger waren ganz weiß vor Anstrengung geworden und zeigten tiefe Rillen vom Draht. Klößchen lag matt und schwer atmend auf der Seite im Gras. Matteo kniete in einem Haufen Schafsmist und hechelte wie nach einem Marathon. Das Werkzeug war ihm aus den Händen geglitten.

»Das war knapp. Du hast es geschafft. In letzter Minute, Matteo. Du hast Klößchen das Leben gerettet! Danke, mein Freund!«, schnaufte Hannes.

Matteo hörte seine Worte kaum. Nur langsam begriff er, was geschehen war. Erleichterung legte sich wie ein wärmendes Handtuch um seinen Körper, wie manchmal nach dem Schwimmen, wenn er zitternd und bibbernd aus dem Wasser gekommen war, in dem er viel zu lange geblieben war.

Hannes und Matteo schwiegen. Klößchen sprang auf, versuchte sich etwas benommen zu orientieren, schüttelte sich und rannte schwankend zu den anderen.

Hannes rief ihr nach: »Du verrücktes, verfressenes Geschöpf! Hoffentlich ist dir das eine Lehre und du begnügst dich mit dem Futter, das auf deiner Wiese wächst!«

Matteos Atem war wieder etwas ruhiger geworden.

»Wie gut, dass du ein so praktisches Werkzeug am Gürtel hattest, Matteo!«, sagte Hannes.

»Opa!«, sagte Matteo knapp.

»Ein sehr praktisches Geschenk. Das hat dein Opa gut gemacht! Ohne sein gutes Geschenk und ohne deine Kraft wäre Klößchen nun vielleicht tot. Wie gut, dass es deinen Opa gab«, dachte Hannes laut.
»Ja, ohne ihn hätte es meinen Papa nicht gegeben. Und mich auch nicht!«, dachte Matteo laut weiter.
»Das wäre schlimm für uns in Anderland gewesen. Ich bin froh, dass du jetzt hier im Dorf wohnst und mein Freund bist«, sagte Hannes und legte eine Hand auf Matteos Schulter.
Matteo schaute Hannes an und fragte: »Wo mag Opa jetzt wohl sein, Hannes? Ich denke so oft an ihn. Ob er im Himmel ist? Ob es überhaupt einen Himmel gibt?«
Hannes schwieg.
»Tja ....« sagte er nach einer Weile.
Matteo wartete darauf, dass er den begonnenen Satz zu Ende führte, aber er schwieg weiter.
»Glaubst du an Gott?«, fragte Matteo in die Stille.
Hannes schwieg noch immer. Er schien nachzudenken.
Dann antwortete er: »Ja, aber ich denke, Gott ist ganz anders, als Menschen es sich vorstellen. Immer!«

»Wie meinst du das?«, fragte Matteo.

»So wie ich es sage, Matteo!«

»Wie anders? Wie ist Gott denn?«, fragte Matteo verwirrt.

Hannes lachte. »Ich bin doch auch bloß ein Mensch! Was könnte ich also über Gott sagen? Ich glaube, Gott ist ganz anders, als wir es beschreiben können.«

»Ja, aber man muss sich doch irgendwas unter Gott vorstellen, oder? Manche sagen, Gott ist wie ein Vater oder wie ein weiser alter Mann mit weißem Bart!«

»Hahaha«, lachte Hannes, »nein, das glaube ich nicht!«

»Meinst du, Gott ist gar kein Mann?«

»Kein Mann, keine Frau, kein Kind – Gott eben. Anders als wir. Vielleicht kann Gott so stark sein wie ein Vater oder so liebevoll wie eine Mutter oder so fröhlich wie ein Kind. Aber Gott ist Gott. Anders als alles, das wir kennen. Nicht von dieser Welt!«

»Glaubst du denn nicht, dass Gott uns hört und sieht und auf uns aufpasst?«

»Das weiß ich nicht, Matteo. Alles, was ich weiß, ist, dass die Wunder des Lebens, der Wiese, die

Früchte des Gartens und die vielen Tiere lebendig sind und auf ihre Art besonders. Ich glaube, dass dieses Leben von Gott kommt. Gott hat es gewollt, erfunden, angezündet wie ein Feuer. Das Leben setzt sich fort und fort, verändert sich, wächst, trägt Früchte, erlischt. Und schon ist neues Leben da. Es dreht sich im Kreis wie das Karussell der Freude und sieht doch bei jeder Runde anders an. Neu. Verändert. Da Gott das Leben erfunden hat, wird Gott sich auch um alle kümmern, die es wieder verlieren. Da bin ich sicher!«

»Für mich ist Gott ein bisschen wie Opa, der die Modelleisenbahn gebaut hat. Ein Baumeister, der sich alles gut überlegt hat.«

»Ja, das kann gut sein, Matteo. Es ist interessant, wenn man sich darüber austauschen kann, findest du nicht? Aber wir werden wohl ein Leben lang rätseln und doch nie eine richtige Antwort finden. Vielleicht ist die Antwort auf die Frage nach Gott das Leben selbst – die Achtung davor, die Aufgabe, es zu bewahren und zu schützen, die Freude, es geschenkt bekommen zu haben, es zu genießen, zu leben.«

»Ich vermisse Opa schrecklich!« sagte Matteo.

»Komm, wir suchen etwas Schönes, das wir in den Lochstein legen können«, schlug Hannes lächelnd vor.

Gerade wollte Matteo Hannes von seinem Opa-Denkmal erzählen, da stutzte er. In seinen Blick fielen zwei Menschen auf Pferden. Kamen da etwa Mathilda und Marleen angeritten? Ja, das mussten sie sein. Sie hielten direkt auf Anderland zu.

»Mist«, dachte Matteo, »mein Fahrrad!«

Er hatte es am Eingang einfach liegen lassen, und Mathilda würde es sicher gleich erkennen. Diese dummen Gänse, hatten sie nicht selber gesagt, dass sie hier nicht entlangreiten wollten? Und nun schaukelten sie auf ihren Gäulen den Feldweg entlang und kamen immer näher. Hannes bemerkte, dass Matteo nervös wurde.

»Was ist?«, fragte er.

»Meine Schwester«, flüsterte Matteo und zeigte auf die nahenden Mädchen.

»Aha, wollen wir sie auch einladen?«

»Nein! Ich hoffe, sie sehen mein Fahrrad nicht, weil ... also ... es ist nur ...«, stammelte Matteo.

»Du hast Sorge, dass du Ärger bekommst, weil du bei mir bist, stimmt's?«, fragte Hannes.

»Nein. Na ja ... vielleicht ein bisschen ... ich ... äh ...«

Hannes lachte. »Ich weiß, dass die Leute im Dorf denken, ich sei ein komischer Typ. Und das bin ich ja wohl auch. Hau einfach schnell ab, Matteo, bevor sie dich sehen, dann kriegst du keinen Ärger.«

»Nein«, entschied Matteo, »dafür ist es zu spät!« Er sah an sich herunter und zeigte auf seine schmutzige Hose »Ich werde eh einiges erklären müssen. Und weißt du was? Ich will überhaupt keine Ausreden erfinden und ich pfeife auf den Ärger. Sollen sie doch meckern. Ich habe nichts falsch gemacht. Sie kennen dich überhaupt nicht.«

»Da hast du recht, Matteo. Sag ihnen, sie können gerne auch kommen, wenn sie sich trauen«, sagte Hannes lächelnd.

Matteo war plötzlich alles egal. Dass Mathilda sein Rad entdeckte, dass Papa meckern würde, was die Leute über Hannes dachten. Eigentlich kannte er das schon aus der Schule: die Sonderlinge, die Außenseiter bekamen immer besonders viel Dummes, Ungerechtes von den anderen ab. Manchmal hatte er auch dabei mitgemacht. Wahrscheinlich war es Angst und Unsicherheit, das Menschen dazu brachte, das »Andere« abzulehnen, lächerlich zu machen oder zu verteufeln.

Mathilda und Marleen stoppten die Pferde am Tor zu Anderland. Mathilda schien Matteos Rad tatsächlich entdeckt zu haben. Die beiden sprachen kurz miteinander, machten lange Hälse, wendeten die Pferde und ritten im Trab den Weg zurück, den sie gekommen waren.

»Dann bis bald, Matteo. Alles Gute für dich!«, sagte Hannes.

Matteo verabschiedete sich und ging langsam zu seinem Rad. Die Mädchen waren schon wieder kleiner geworden. Sie drehten sich nicht um, als sie auf die Dorfstraße einbogen.

Als Matteo aufs Rad steigen wollte, rief Hannes: »Halt, Matteo! Warte!«

Er lief zum Wagen und kam mit dem Marmeladenkarton zurück und klemmte ihn auf Matteos Gepäckträger.

»Deine Marmelade hast du beim letzten Mal vergessen«, sagte er und winkte.

»Bis morgen, Hannes!«

»Auf bald, Matteo!«

Matteo radelte langsam den Weg zurück nach Hause.

Mathilda empfing ihn bereits im Hof. Sie hatte ihr Pferd schon wieder in den Stall gebracht.

»Ich sage, wo du gewesen bist!«, zischte sie noch auf dem Gehweg.

»Na und?«, sagte Matteo ruhig. »Du warst doch auch dort!«

»Das gibt Ärger, Mama und Papa haben gesagt, wir sollen nicht dahin zu diesem …!«

Noch bevor Mathilda irgendein abfälliges Wort über Hannes sagen konnte, unterbrach Matteo sie.

»Mir doch egal, was ihr alle denkt. Er ist mein Freund! Mein erster Freund in diesem … diesem Kuhdorf! Und du, Mama, Papa und die ganzen Leute hier … ihr habt gar keine Ahnung. Ihr kennt Hannes gar nicht! Meine Freundschaft lasse ich mir nicht verbieten!«

Er ließ Mathilda mit offenem Mund stehen und ging mit dem Marmeladenkarton in den Händen an ihr vorbei zur Bank unter der Linde.

Matteo setzte sich auf Opas Bank neben die Schatzkiste. Er ließ die Beine baumeln und betrachtete den Karton mit seiner selbst gekochten Marmelade. Es war ihm wirklich egal, ob er Ärger bekam. Er würde auch nicht schwindeln. Er würde einfach mutig sagen, was er dachte.

Da kam Papa aus dem Haus und setzte sich neben Matteo. Beide schwiegen.

»Und? Was hast du gemacht bei … wie heißt er noch?«, fragte Papa

»Hannes!«, antwortete Matteo knapp.

»... bei Hannes?«, beendete sein Vater den angefangenen Satz.

»Das ist eine lange Geschichte«, erwiderte Matteo.

»Und was ist in dem Karton, den du da festhältst, als sei er voller Gold?«

Matteo überlegte kurz »Ja, Gold ist da drin. Rotes Wiesengold! Sehr wertvoll. Unbezahlbar eigentlich. Und ich habe es mit Hannes gefunden, verarbeitet und in Gläser gefüllt«, antwortete er. »Erdbeermarmelade«, fügte er nach einer Pause hinzu, als er das ratlose Gesicht seines Vater sah.

»Zeig mal«, sagte Papa.

Matteo öffnete den Karton und holte ein Glas heraus.

»Mmmmh, sieht lecker aus! Dann haben wir ja morgen früh etwas besonders Feines zum Frühstück. Und jetzt komm, Matteo, ich glaube, du kannst eine Dusche vertragen!«

Sein Vater stand auf.

Matteo war verdutzt. Einen Moment saß er noch da, dann ging er lächelnd mit seinem Karton ins Haus.

Matteos Garten

Matteo erzählte nach dem Duschen fast ununterbrochen von Hannes.
Mathilda schmollte. Sie war der Meinung, Matteo hätte eigentlich eine Strafe verdient. Aber insgeheim hörte sie genauso aufmerksam zu wie Mama und Papa. Sie war neugierig, was sich in Anderland zugetragen hatte. Matteo erzählte von Huhnsch und Klößchen, von Tomaten und Äpfeln, von Erdbeeren und Schnecken, von frischem Brot und der Sommerküche, dem Freiluftbadezimmer und dem See, vom Wagen und dem Kom-

postklo und er beschrieb die viele Denkmäler in Hannes' Garten.

»Aha«, schmunzelte sein Vater, »so bist du auf die Idee mit der Kiste auf der Bank gekommen, was?«

»Genau«, strahlte Matteo.

»Das ist wirklich eine sehr schöne Idee«, stimmte seine Mutter zu.

»Hannes sagt, wir sollen doch mal alle zusammen zu Besuch kommen!«, meinte Matteo und blickte gespannt in die Runde.

Alle am Tisch schauten sich an, es gab einen Moment der Stille.

»Natürlich nur, wenn ihr euch traut«, fügte er hinzu, weil er die Stille fast nicht aushalten konnte.

Man hätte eine Stecknadel fallen hören können.

Sein Vater räusperte sich schließlich: »Warum ... warum sollten wir uns denn nicht trauen?«

»Genau. Es ist ja nichts dabei. Außerdem ... außerdem ist er doch dein ... Freund!«, bestätigte Matteos Mutter.

»Wenn ihr alle geht, komme ich natürlich auch mit«, sagte Mathilda schließlich nach langem Zögern. »Marleen muss ich davon ja nichts erzählen!«

»Juchhu! Ich werde Hannes fragen, wann es ihm passt«, freute sich Matteo. Er war sich sicher, dass Mathilda Marleen nach ihrem Besuch in Anderland sofort neugierig auf Hannes machen würde.

Am darauffolgenden Samstag machten sie also einen Familienausflug nach Anderland, und Matteo war der Reiseführer. Stolz erklärte und zeigte er, was er bereits alles kennengelernt hatte: Wie Hannes lebte, woher er sein Wasser bekam, was in seinem Garten wuchs und wie die Tiere hießen. Er spielte mit Huhnsch Fußball – seine Familie glaubte, ihren Augen nicht zu trauen – und zeigte die Stelle, wo er Klößchen gerettet hatte. Hannes stand zunächst lächelnd daneben, schlich sich dann aber unbemerkt davon. Er fand, dass Matteo das alles gut und richtig machte. »Touristen« im Anderland – das war sowieso etwas völlig Neues für ihn. Hannes deckte in der Zeit, in der Matteo seine Familie herumführte, eine einladende Kaffeetafel auf der Wiese zwischen den Obstbäumen – sogar mit weißer Tischdecke. Es sah aus wie zu einem Fest. Und das war es auch, nicht zuletzt wegen des sagenhaft leckeren Johannisbeerkuchens, den Hannes morgens in seinem Ofen frisch gebacken hatte. Alle schlemmten und schmatzten und lobten Hannes, was Matteo sehr freute. Für Hannes war es auch ein besonderer Tag.

Matteo hatte Hannes inzwischen längst gefragt, ob er ihm mit seinem Garten an Opas Haus helfen würde. Hannes hatte »Na klar!« gesagt.

Als Papa hörte, was Matteo vorhatte, fielen ihm natürlich ganz viele Gründe ein, warum das schwierig sei. Matteo könne ja vieles gar nicht allein und er habe gar keine Zeit, die ganze Arbeit zu machen. Matteo würde sicher irgendwann die Lust verlieren und was sollte dann mit dem Garten werden? Da sei doch ein Rasen zum Fußballspielen die bessere Lösung! Matteo hätte auch gar nicht alle Geräte, die er brauche, und so weiter.

Matteo lachte bei jedem Einwand seines Vaters. »Aber, ich hab doch Hannes, Papa! Außerdem ist der Garten auch ein Denkmal für Opa. Der hat dort schließlich immer gerne gearbeitet«, fügte Matteo noch als Grund hinzu.

Da wusste sein Vater keine Gegenargumente mehr. Als nun alle in Anderland zusammensaßen, versuchte auch Hannes, Matteos Vater die

Bedenken zu nehmen. Matteos Mutter freute sich über die Aussicht, dass lauter leckeres Essen den Speiseplan bereichern würde. Selbst Mathilda hatte eine Idee: Sie könne ja Pferdemist besorgen, der sei ein hervorragender Dünger.
»Oh«, sagte Hannes, »Pferdemist! Eine tolle Idee! Ob ich davon vielleicht auch etwas bekomme für meine Beete?«
Mathilda fühlte sich geschmeichelt über die Frage und sagte sichtlich stolz: »Aber selbstverständlich!«
So bekam Matteo seinen Garten.
Matteo strahlte abends im Bett immer noch. Was für ein schöner Tag es doch gewesen war. Auch die anderen hatten sich bei Hannes wohlgefühlt, selbst Mathilda hatte sich im Stillen vorgenommen, Marleen von Hannes zu erzählen. Sie hatte ja nun mit eigenen Augen gesehen, dass er vielleicht ungewöhnlich lebte, aber eben doch kein Spinner war. Das würde auch Marleens Vater einsehen müssen.
Ein paar Tage später kam Hannes mit dem Rad vorbei. Er wollte den Garten in Augenschein nehmen.

Er ging so schüchtern und zaghaft, fast geduckt auf den Hof wie Matteo beim ersten Mal in Anderland. Im Dorf ließ sich Hannes selten blicken. Es war für ihn ein seltsames Gefühl. Matteo spürte es, lachte und zeigte ihm das Haus, sein Zimmer, dann Opas Garten. Hannes begutachtete den Boden, maß die Beete aus, schaute, welche Flächen viel Sonne bekamen und wo es schattig war. Anschließend machten sie zusammen einen Plan, was an welcher Stelle des Gartens angebaut werden sollte. Vieles würde Matteo erst im folgenden Jahr säen oder ernten können, das laufende Jahr hatte seine Mitte schon überschritten. Es gab noch Johannisbeerbüsche, die nicht abgeerntet waren, die Himbeersträucher würden noch tragen, die Obsternte würde auch noch kommen. Opas alte Beete waren verkrautet und verwildert. Hannes schlug vor, erst einmal »aufzuräumen« und den Boden mit Mist und Kompost zu versorgen. Er würde dann noch ein paar Salatpflanzen vom Biohof besorgen, die könnte Matteo sicher noch ernten. Genau wie Ringelblumen, aus denen man Heilsalbe machen konnte. Die half, wenn man sich die Haut verletzt hatte.

»Aber wie geht das?«, fragte Matteo schulterzuckend.
»Zeige ich dir«, lächelte Hannes.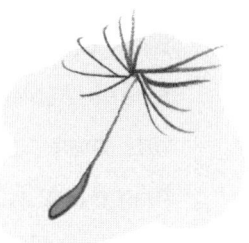
Auch ein paar Teepflanzen kannte Hannes, die in Matteos Garten gut wachsen würden. Matteo trank gerne Tee – außer Kamillentee. Den musste er nämlich bei Bauchweh trinken, und das fand er scheußlich. Im neuen Jahr, meinte Hannes, würden sie dann Bohnen, Möhren, Kürbisse und alle Pflanzen anbauen können, die Matteo haben wollte. Vielleicht fände sich irgendwo auch noch ein kleines altes Gewächshaus, wenn ihm das Gärtnern dann immer noch Freude bereitete.
Daran hatte Matteo keinen Zweifel.
Er fragte seinen Vater nach dem Abendessen: »Wäre es nicht schön, wenn wir auch ein paar Hühner hätten, die uns frische Frühstückseier legen? Oder drei Schafe, die unseren Rasen kurzhalten?«
»Immer langsam, Matteo, das alles macht viel Arbeit!«, bremste sein Vater.
»Ja, weiß ich«, bestätigte Matteo. »Aber es spart auch Geld und macht sehr viel Spaß!«

Es war wenige Tage vor dem Ende der Sommerferien, Matteo kniete gerade in seinem Beet und sah nach den Salaten, da tauchte plötzlich ein Junge am Zaun des Nachbargrundstücks auf.

»Na?«, rief er zu Matteo herüber.

»Na?«, antwortete Matteo zurückhaltend. Sie sahen sich an.

»Du wohnst jetzt hier, oder?«, fragte der Junge.

»Ja«, antwortete Matteo.

»Ich habe dich früher schon mal gesehen, als du hier warst und deinen Opa besucht hast,« sagte

der Unbekannte. »Aber du warst ja nur selten draußen.«

»Ich hab dich bis eben auch nicht bemerkt. Ich wusste nicht mal, dass du da wohnst. Viel draußen scheinst du auch nicht zu sein! Und ich bin jeden Tag im Garten!«, erwiderte Matteo.

»Wir waren im Urlaub«, erklärte der Junge. »Fast vier Wochen. In Schweden. Ich hab Elche gesehen und bin Kanu gefahren. Warst du auch weg?«

Matteo schmunzelte: »Ja, in Anderland!«

Er sah, dass der Junge nichts kapierte. Die Fragezeichen in seinem Gesicht machten Matteo Spaß, seine Freundschaft zu Hannes war in der Tat etwas Besonderes. Wahrscheinlich würde der Junge hinterm Zaun auch schlecht über ihn denken, ohne ihn zu kennen. Er wechselte das Thema.

»Wie heißt du?«, fragte Matteo.

»Tim. Und du?«

»Matteo.«

»Wollen wir was spielen, Matteo?«

»Ich muss erst noch meine Teepflanzen gießen. Das ist nämlich mein Garten, weißt du?«

»Dein Garten? Wozu hast du denn einen Garten?«

»Weil es mir Spaß macht. Weil es schön ist, Gemüse aus dem eigenen Garten zu essen. Magst du Tee?«, fragte Matteo.

»Uäh, nein!«, sagte Tim und verzog das Gesicht.

»Solltest mal meinen probieren, dann änderst du deine Meinung«, schlug Matteo vor.

»Kann ich rüberkommen?«, fragte Tim.

»Warum nicht?«, entgegnete Matteo.

Tim war ein fröhlicher Junge, Matteo mochte ihn. Wie sich an diesem Nachmittag herausstellte, ging Tim in dieselbe Schule wie Matteo nach den Ferien. Da alles neu für Matteo war, war er froh, dass er nach den Ferien gemeinsam mit Tim zur Schule radeln konnte. Tim würde ihm bestimmt alles zeigen und mit einigen anderen bekannt machen. Als Tim fragte, ob er bei Matteos Garten mitmachen könnte, fand er das prima. So konnte er nicht nur die Früchte, sondern auch die Arbeit teilen. Tim machte die Arbeit Spaß, worüber er sich selbst am meisten wunderte. Matteo hatte seinerseits große Freude daran, sein neues Wissen gleich weiterzugeben. Tim bewunderte ihn ein wenig, das merkte er. Er probierte sogar seinen Tee, Zitronenverbene. Der war frisch und lecker, egal ob kalt oder warm. Tim war überrascht, wie viel Matteo über das Gärtnern wusste – wo er doch aus der Stadt kam.

»Woher weißt du das alles?«, fragte er neugierig.

»Von Hannes!«

»Wer ist das?«

»Der König von Anderland«, lachte Matteo.

Er erzählte Tim von seinen Erlebnissen mit Hannes.

»Was?«, staunte Tim. »Da bist du hingegangen? Der ist doch total komisch!«

»Nicht komischer als du und ich. Von Weitem sieht es vielleicht so aus, wenn man jemanden nicht kennt. Nur weil jemand etwas anders macht, ist er noch lange nicht komisch. Wir können ja mal zusammen hinfahren und in seinem See baden!«

Tims Augen wurden groß und rund.

»Wir?«, fragte er ungläubig.

»Natürlich nur, wenn du dich traust«, ergänzte Matteo und legte den Kopf schief, als er seinen Freund ansah.

Nach einer kleinen Pause sagte Tim: »Warum sollte ich mich nicht trauen?«

»Eben«, grinste Matteo.

© Inga Boye

Frank Hartmann, geb. 1964, war Gemeindediakon und Leiter einer Kita, bis er sich für einen neuen Weg entschied. Seit 2010 arbeitet er als freiberuflicher Autor und schreibt u. a. Geschichten und Gedichte. Zusammen mit seinem Sohn genießt er ein Leben in der Weite der Natur zwischen Schafen und Hühnern.

Dorothée Böhlke studierte Illustration und Kommunikationsdesign in Hamburg, wo sie bis heute lebt und Kinderbücher illustriert. Sie liebt ihren überdachten Südbalkon mit roter Hängematte, veranstaltet Leseabende mit Freunden, hat zwei Zwerg-Apfelbäume und macht Musik in einem Ukulele-Orchester.

© Georg Stelzner

Spannende Geschichten ...

ISBN 978-3-451-71372-9
Ab 8 Jahren

HERDER

... rund um den Glauben

ISBN 978-3-451-71206-7

Ab 8 Jahren

Tolle Geschichten ...

ISBN 978-3-451-71369-9
Ab 8 Jahren

HERDER

... zur Erstkommunion

ISBN 978-3-451-71316-3
Ab 8 Jahren